ARTUR LÍCIO PONTUAL

arquitetura e design num Brasil pioneiro

architecture and design in a pioneer Brazil

Concepção editorial e organização | *Editorial design and organization*
Henrique Pontual
Coordenação de projeto | *Project coordination*
Paulo Pires
Apresentação | *Presentation*
Davino Pontual
Paulo Pires
Textos abertura capítulos | *Chapter opening texts*
Tenara Gabriela
Projeto gráfico | *Graphic design*
Henrique Pontual
Supervisão de projeto gráfico | *Graphic design supervision*
Adriana Lins
Produção executiva | *Executive producer*
Viviane Mucci Simão
Produção | *Production*
Pontual Arquitetura
Fotografia | *Photography*
Acervo da família | *Family collection*
Assistente de design | *Design assistant*
Karla Kalife, Gabriela Prestes Siciliano, Carlos Alberto da Silva
Tratamento de imagem | *Digital image editing*
Karla Kalife, Gabriela Prestes Siciliano, Carlos Alberto da Silva
Produção gráfica | *Graphic production*
Adriana Lins
Entrevistas | *Interviews*
Tenara Gabriela
Pesquisa | *Research*
Karla Kalife
Revisão de texto | *Proofreading*
Boa Escrita Consultoria
Tradução inglês | *English translation*
Catarina Queiroz / Boa Escrita Consultoria
Capa | *Cover*
Gabriela Prestes Siciliano, Adriana Lins
Impressão | *Printed at*
Gráfica Santa Marta

P811 Artur Lício Pontual : arquitetura e design num Brasil pioneiro. / Henrique Pontual (organizador) = Artur Lício Pontual : architecture and design in a pioneer Brazil / Henrique Pontual (main editor). – Rio de Janeiro : Pontual Arquitetura, 2017.
94 p. : il. color. ; 20 cm.

ISBN: 978-85-94471-01-0

1. Artur Lício Pontual – Biografia. 2. Arquitetura. I. Pontual, Henrique.

CDD 927.729

Realização | *Produced by*

PONTUAL ARQUITETURA

R. Santa Alexandrina, 366
20261-232 Rio Comprido, Rio de Janeiro, RJ
55 21 2502 8744
pontual@pontual.arq.br
www.pontual.arq.br

Apoio | *Support*

HENRYPONTUAL

henry@henrypontual.com
www.henrypontual.com

EDIÇÕES DE JANEIRO

Rua da Glória, 344 sala 103
20241-180 Rio de Janeiro, RJ
55 21 3988 0060
contato@edicoesdejaneiro.com.br
www.edicoesdejaneiro.com.br

ARTUR LÍCIO PONTUAL

arquitetura e design num Brasil pioneiro

*architecture
and design
in a pioneer Brazil*

PONTUAL ARQUITETURA
50 ANOS | YEARS

Henrique Pontual Organizador | *Main Editor*

ARTUR LICIO

Para *To*
Francisco Boavista Pontual

APRESENTAÇÃO

Presentation

Meu irmão era três anos mais velho do que eu. Isso é pouco quando somos adultos, mas é muito quando crianças e adolescentes. Por isso, minhas lembranças com ele começam quando eu já tinha mais de onze anos. Foi aí que me dei conta das ligações que existiam entre nós, daí em diante ficou claro para mim que o desenho e a pintura eram muito importantes para ele, e, claro, mais ainda para os meus pais, que, nesta altura, convocaram um pintor pernambucano de nome Eliezer Xavier para ajudá-lo no desenvolvimento da pintura. Essa influência foi determinante para que ele decidisse ingressar na Escola de Belas Artes de Pernambuco, onde funcionava a Faculdade de Arquitetura — não tenho certeza se ele entrou em Belas Artes já com o objetivo de ser arquiteto ou se para aprimorar os estudos da Pintura; acho que essa dúvida não tem lugar aqui, o fundamental é que o seu caminho em direção à Arquitetura tinha sido iniciado.

Ao entrar na Escola de Arquitetura, Artur conheceu colegas tais como Abel Acioly, Glauco Campello e Jorge Martins Júnior, que juntos formaram um grupo de estudantes de arquitetura. O acaso os levou ao encontro de Gastão de Holanda e Aloisio Magalhães, que utilizavam uma casa na rua Amélia, onde funcionava o Gráfico Amador, no bairro do Espinheiro. Negociaram com Gastão um espaço, onde os estudantes

montaram um ateliê de arquitetura. Desse ateliê, entre outros projetos, Artur e seu grupo projetaram, em 1956, o Edifício Arnaldo Carneiro Leão, com 17 pavimentos. A obra desse prédio restou inacabada muito próximo da sua ocupação e nunca foi entregue — é provável que até hoje o seu esqueleto ainda exista.
Esse ateliê foi o passaporte do Artur para o Rio de Janeiro: numa tarde chuvosa e úmida muito comum no Recife, o arquiteto Oscar Niemeyer, ao visitar o Gráfico Amador, ficou encantado com os croquis e desenhos de Artur. Como consequência, convidou-o para participar de seu escritório no Rio. Naquela época, era praticamente impossível a transferência de um aluno de Arquitetura do Recife para a famosa Faculdade de Arquitetura do Brasil, dificuldade essa que foi dizimada pela influência de Oscar.

Já com residência definida no Rio de Janeiro, ele foi encontrado por uma companhia de construção chamada COBE, cujo proprietário Fabio Ribeiro de Oliveira e seu sócio Celso Bulhões de Carvalho ficaram tão encantados com seu trabalho que fizeram um convite para dividir a diretoria da COBE com Artur — não tenho certeza, mas a esta altura ele já tinha fundado com Aloisio Magalhães e Luiz Fernando Noronha a MNP, uma empresa que se direcionava para Arquitetura e desenho industrial e decorrentes. O cargo de diretor na COBE lhe permitiu de imediato montar, dentro da construtora, um bem equipado departamento de Arquitetura, que passou a projetar todas as obras da empresa e interferir diretamente na seleção dos trabalhos. Nesse momento, eu já tinha sido mordido pelo encantamento de ser arquiteto e cursava o terceiro ano no Recife.

O falecimento de nosso pai na capital pernambucana precipitou a vinda da família para o Rio de Janeiro. Eu, com nossa mãe e duas irmãs, me mudei para um apartamento no Leblon.

O primeiro contato profissional que tive com o meu irmão Artur aconteceu na COBE, por iniciativa dele. Fui contratado como estagiário por dois anos até completar o curso de Arquitetura. Só então fundamos a Pontual Arquitetura e Desenhistas Industriais Ltda., tendo como sócios meu irmão Artur, eu e Arlindo Facioli (este tinha trabalhado com Oscar Niemeyer e era então funcionário da COBE).

A Pontual começou suas atividades já com dois projetos grandiosos, o hotel Othon na praia de Copacabana, com 628 módulos de apartamentos, e a sede no Rio de Janeiro do Banco de Comércio e Indústria do Pará, de propriedade de Antônio Dias Maia, empresário que mais tarde viria a se tornar nosso sócio na criação de uma loja voltada a móveis e utensílios bem projetados, a Loja do Bom Desenho.

DAVINO PONTUAL

Maio de 1968, trabalhava no escritório do arquiteto Severiano Mário Porto, recebo ligação do Artur Lício Pontual; não nos conhecíamos, falamos rapidamente, agendamos encontro na rua Joaquim Campos Porto, 303, Jardim Botânico, na encosta do Corcovado.

Lá chegando, ele me apresentou seu irmão e sócio, Davino Pontual. Um espaço de aproximadamente 6x6m, fachada coberta com tábua de sobra de obra com pequenas janelas basculante ao alto. No piso cimentado, aflorava, ao fundo, imensa pedra; ainda não existiam sanitários. O espaço foi construído para, no futuro, ser a garagem de sua casa. A obra estava parada. Feito o reconhecimento, assuntos conversados, convite formulado para que fosse trabalhar com eles no desenvolvimento do projeto do Rio Othon Palace.

Naquele momento, casado, dois filhos, morando longe, na Ilha do Governador, as precárias instalações do escritório, tudo contribuía para que o convite não fosse aceito, mas, não sei por quê, aceitei. Hoje atribuo à "sintonia fina" nos objetivos profissionais e morais que já duram 50 anos.

Na convivência com Artur, testemunhei como irradiava entusiasmo em tudo que fazia. Foi presidente do IAB, colaborou na fundação da ESDI.

Aquele espaço de nosso primeiro encontro se transformou num organizado escritório de arquitetura, onde respirava-se criatividade, garra, empolgação.

Com a mudança da legislação urbanística, em 1970, a Pontual precisou se transferir e trocamos nosso endereço para outro bem próximo: rua Pacheco Leão, 174.

Além do Rio Othon Palace, demais projetos estavam sendo desenvolvidos, como o Centro Educacional da IBM na Gávea, diversos estudos para hotéis, prédios residenciais, comerciais e corporativos.

No final do expediente do dia 2 de setembro de 1972, ao darmos "até amanhã", Artur colocou a mão em meu ombro e, cheio de alegria, disse: "Agora, não fazemos apenas projetos para hotéis, também somos consultores". No dia seguinte, ao chegar ao escritório, deparo-me com um silêncio ensurdecedor, tristeza no ar; Artur havia morrido.

Hoje, 45 anos sem a presença de Artur Lício Pontual, ao completarmos 50 anos de escritório, afirmo com orgulho e satisfação que a semente que ele e seu irmão Davino plantaram continua dando bons frutos.

Obrigado, amigos!

PAULO PIRES

My brother was three years older than I was. That's not much when we're adults, but it's a lot between kids and teens. My memories of my brother start when I was over eleven. It was then that I realized the connections that existed between us, from then on it became clear to me that the drawing and the painting were very important to him, and of course even more so to my parents, who, at this point, invited a painter from Pernambuco named Eliezer Xavier to assist him in the development of painting. This influence was decisive so that he decided to enter the School of Fine Arts of Pernambuco, where the Faculty of Architecture took place—I'm not sure if he entered Fine Arts already with the objective of being an architect or if to improve the studies of Painting; I think that this doubt has no place here, the fundamental thing is that his path towards Architecture had begun.

Upon entering the School of Architecture, Artur met colleagues such as Abel Acioly, Glauco Campello and Jorge Martins Júnior, who together formed a group of architecture students. Chance led them to meet Gastão de Holanda and Aloisio Magalhães, who used a house on Amélia Street, where Gráfico Amador worked, in the Espinheiro neighborhood. They negotiated with Gastão a space, where the students set up an atelier of architecture. Amongst these projects, Arthur and his group designed the Arnaldo Carneiro Leão Building in 1956, with 17 floors. The construction of this building remained unfinished very close to its occupation and was never delivered—it is probable that to this day its skeleton still exists.

This studio was Artur's passport to Rio de Janeiro: on a rainy and humid afternoon very common in Recife, the architect Oscar Niemeyer, when visiting the Gráfico Amador, was enchanted with the sketches and drawings of Artur. Consequently, Niemeyer invited him to participate in his firm in Rio. At that time, it was practically impossible to transfer an Architecture student from Recife to the famous Faculty of Architecture of Brazil, a difficulty that was decimated by the influence of Oscar.

Already with a permanent residence in Rio de Janeiro, he was found by a construction company called COBE, whose owner Fabio Ribeiro de Oliveira and his partner Celso Bulhões de Carvalho were so delighted with his work that they made an invitation to split COBE's board with Artur. I'm not sure, but by this time he had founded with Aloisio Magalhães and Luiz Fernando Noronha the MNP, a company that was driven to Architecture and industrial design and such.

Accepting the position of director at COBE allowed him to immediately put together, within the construction company, a well-equipped Department of Architecture, which began designing all the works of the company and interfering directly in the selection of the projects. At that moment, I had already been bitten by the enchantment of being an architect and was in my third year in Recife.

The death of our father in the capital of Pernambuco suddenly brought the family to Rio de Janeiro. I moved to an apartment in Leblon, with our mother and two sisters.

The first professional contact I had with my brother Artur took place at COBE, at his initiative. I was hired as an intern for two years until I completed the Architecture course. Only then did we establish Pontual Arquitetura e Desenhistas Industriais Ltda. The partners were my brother Artur, myself—Davino—and Arlindo Facioli (he had worked with Oscar Niemeyer and was a COBE employee).

Pontual began its activities already with two grand projects, the Othon hotel in Copacabana beach, with 628 modules of apartments, and the headquarters in Rio de Janeiro of the Banco de Comércio e Indústria do Pará, owned by Antônio Dias Maia, businessman who later became a partner in the creation of a store of well designed furniture and utensils, the Loja do Bom Desenho.

DAVINO PONTUAL

May 1968, I worked in the office of the architect Severiano Mário Porto, I got a call from Artur Lício Pontual; we did not know each other, we spoke quickly, we scheduled a meeting at Joaquim Campos Porto Street, 303, Jardim Botânico, on the Corcovado hillside. Arriving there, he introduced me to his brother and partner, Davino Pontual. It was a space of approximately 6x6m, the facade closed with repurposed wood with small tilting windows on the top. On the cemented floor, emerged an immense stone in the background, there were no restrooms yet. The space was built to be, in the future, the garage of his house.
The construction had stopped.
With the acknowledgment done, the matters discussed, an invitation was formulated so that I would work with them in the development of the Rio Othon Palace project.
At that moment, married, 2 children, living far away, on Ilha do Governador, the precarious office facilities, it all contributed so the invitation wouldn't be accepted, but I don't know why I accepted. Today I attribute it to the "fine tuning" in professional and moral goals that have already lasted 50 years.
In the coexistence with Artur, I witnessed how he radiated enthusiasm in everything he did. He was president of the IAB, collaborated in the foundation of ESDI.
That space of our first meeting became an organized Architecture office, where one breathed creativity, strength and enthusiasm.
With the urban legislation modified in 1970, Pontual had to move, and we changed our location to another one close by on 174 Pacheco Leão street.
In addition to Rio Othon Palace, other projects were being developed, such as the IBM Educational Center in Gávea, several studies for hotels, residential, commercial and corporate buildings.
At the end of the day of September 2, 1972, as we said "until tomorrow," Artur put his hand on my shoulder and, full of enthusiasm, said "Now, we don't just develop hotel projects, we're also consultants." The next day, upon arriving at the office, I faced a deafening silence, sadness in the air; Artur was dead.
Today, after 45 years without the presence of Artur Lício Pontual, celebrating 50 years of the firm, I can proudly say with satisfaction that the seed that he and his brother Davino planted still bears good fruit.

Thank you, friends!

PAULO PIRES

ARTUR

Recife, uma casa grande, um portão entre frondosos pés de jambo e um menino chamado Artur, que tinha pés descalços e asas na alma.

Seu tempo foi curto, mas viveu com a intensidade que poucos conseguem em longas jornadas. Era entusiasta, romântico, bem humorado e acima de tudo determinado. Fez do talento um caminho, do estudo uma certeza, da família um porto seguro e da vida uma descoberta.

Amava com tanto fervor que era capaz de assinar cartas de amor com gotas de sangue. E foi assim, intenso, vibrante e destemido, com todas as suas paixões: a arquitetura, a pintura, o desenho e o design.

Líder nato, trazia muitos consigo e aprendia com muitos um pouco mais de si, da vida e do mundo. Isso lhe rendeu grandes amigos, e com os amigos vieram os grandes contatos.

Na rua Amélia, 415, três jovens arquitetos (Artur, Glauco Campello e Jorge Martins) aprendiam o ofício e desbravavam o mundo cultural. Entre telas, tintas e pincéis, Artur Lício Pontual e Aloisio Magalhães fizeram de um simples sótão um local de encontro, e por lá passaram Di Cavalcanti e Rosselline.

Pouco tempo depois, a rua Amélia foi trocada pela Miguel Lemos, um prédio de esquina com vista para o mar, na mais famosa das praias brasileiras. Junto com Glauco Campello, Artur estava no endereço que pedia seu coração: Copacabana – Rio de Janeiro.

E, com a morte do pai, Artur se despede definitivamente dos pés de jambo e acolhe a família no Rio de Janeiro. Em uma cidade que já havia sido desbravada por ele, foi assertivo abrir a Loja do Bom Desenho e assim dar atividades para sua mãe e irmãs.

De seu contato com Oscar Niemeyer surgiu o trabalho na Revista *Módulo*, uma das mais importantes revistas de arquitetura do país. Mas seus caminhos eram distintos e seguiram em direções diferentes em busca do que acreditavam.

Foi uma ação típica do potencial de Artur ser um dos fomentadores da criação da Escola Superior de Desenho Industrial (ESDI); era sua necessidade de querer sempre ir um passo a frente. Ele tinha essa ideia de prospectiva, de pesquisar, avançar. A única certeza que ele tinha era que não podia ficar parado.

Artur então já começava a projetar. Suas demandas eram grandes e importantes. Nada menos que o Hotel Othon e o prédio do Centro Educacional da IBM.

Mas, como ninguém faz nada sozinho, foi com seu irmão Davino e Arlindo Facioli que fundou a Pontual Arquitetura, na época chamada de Pontual Associados Arquitetos e Desenhistas Industriais Ltda.

Mas, de repente, o tempo parou para Artur. Subitamente seus olhos se fecharam sem enviar um sinal sequer. Deixou um filho e sua esposa, deixou os irmãos, a família, os amigos...

Como escreveu Lucio Costa: “Tanto empenho, tanta obra construída, tantos novos projectos de vulto em mão. E tudo isso se interrompe bruscamente.”

Mas nem mesmo toda a genialidade de Artur, por um segundo sequer, poderia imaginar que seu irmão, Davino, tão fiel e companheiro, iria dar continuidade aos seus ideais e, juntamente com Paulo Pires, Flávio Ferreira e Sérgio Porto, tornar a Pontual Arquitetura um escritório que há 50 anos imprime sua assinatura na arquitetura brasileira. Um ideal que, sonhado junto, se tornou realidade.

Recife, a large house, a gate between leafy jambo trees and a boy named Artur, with bare feet and wings on his soul.
His time was short, but he lived with the intensity that few achieve in long journeys.
He was enthusiastic, romantic, had good humor, and, above all, was determined. He made talent a path, his studies a certainty, family a safe harbor and life a discovery.
He loved with such passion that he was capable of signing love letters with drops of blood. And it was so, intense, vibrant and fearless, with all his passions: architecture, painting, drawing and design.
A born leader, he influenced many people and learned with them more about himself, about life and the world. This way he made great friends, and with his friends came the great contacts.
At Amelia Street, 415, three young architects (Artur, Glauco Campello and Jorge Martins) learned the business and discovered the cultural world. Between canvases, paints and brushes, Artur Lício Pontual and Aloisio Magalhães made a simple attic a meeting place, and Di Cavalcanti and Rosselline passed through there.
Soon after, Amelia Street was replaced by Miguel Lemos Street, a corner building with a sea view, on the most famous of Brazilian beaches: along with Glauco Campello, Artur was at the address that his heart asked for, Copacabana - Rio de Janeiro.
And, with the death of his father, Artur definitely says goodbye to the jambo trees and receives his family in Rio de Janeiro. In a city that had already been explored by him, it was assertive to open the Loja do Bom Desenho and thus give activities to his mother and his sisters.
From his contact with Oscar Niemeyer came the work in Módulo Magazine, one of the most important architectural magazines in the country. But their paths were different and they went in different directions in search of what they believed.
It was a typical action of Artur's potential to be one of the founders of the School of Industrial Design (ESDI), it was his need to always want to go one step further. He had this idea of prospective, of research, of advancement. The only certainty he had was that he could not stay still.
Artur already was starting to design. His demands were big and important. Nothing less than Hotel Othon and the IBM Educational Center.
But since nobody does anything alone, it was with his brother Davino and Arlindo Facioli that he founded Pontual Arquitetura, at the time called Pontual Associados Arquitetos e Desenhistas Industriais Ltda.
And then, suddenly, time stopped for Artur. Abruptly his eyes closed without sending a single signal. He left a son and his wife, left the brothers, family, friends…
As Lucio Costa wrote: "So much commitment, so much work built, so many great projects in hand. And all this stops abruptly."
But not even all the genius of Artur, for even a second, could imagine that his brother Davino, so faithful and companion, would continue his ideals and, together with Paulo Pires, Flávio Ferreira and Sérgio Porto, make Pontual Arquitetura a firm that for 50 years prints its signature on Brazilian architecture.
An ideal that, dreamed together, became reality.

ILUSTRADOR

Illustrator

Desenho e pintura, linguagens que nasceram com Artur, rapidamente se tornaram sua marca, expressão artística, comunicativa, revelando um pouco mais de sua personalidade sagaz e interpretativa. Tanto ilustrando textos de outros autores quanto revelando os primeiros esboços de um projeto arquitetônico, seu traço era inconfundivelmente belo e vigoroso.

Drawing and painting, languages that were born with Artur, quickly became his mark, artistic expression, communication, revealing a little more of his sagacious and interpretive personality. When illustrating texts of other authors or revealing the first sketches of an architectural project his style was unmistakably beautiful and vigorous.

Ilustrações de Artur Lício Pontual* e texto de Reynaldo Jardim para o espetáculo do Teatro Popular Brasileiro Solano Trindade, realizado durante o 1º Congresso Pan Americano de Estudantes de Arquitetura e Urbanismo, no Rio de Janeiro, em julho de 1956.

Illustrations by Artur Lício Pontual* and text by Reynaldo Jardim for the spectacle of the Brazilian Popular Theater Solano Trindade, presented during the 1st Pan American Congress of Architecture and Urbanism Students, in Rio de Janeiro in July of 1956.

*Aplicação de cor sobre as ilustrações especialmente para esta edição.

*Aplication of color over the illustrations especially for this edition.

Noite junina (bandeira - balão - coco - danças do folclore do Nordeste)

June night (bunting - paper lantern - coco dance - dances from the Northeast Brazil folklore)

Foi um céu incendiando um ritmo?
O gesto em movimento estoura as harmonias,
O Nordeste acende sua noite junina.

Was it a sky inflaming a rhythm?
The gesture in movement explodes the harmonies,
The Northeast lights its June night.

Samba (partido alto e capoeira do populário carioca)

Samba (partido alto stye and capoeira of the Rio de Janeiro populace)

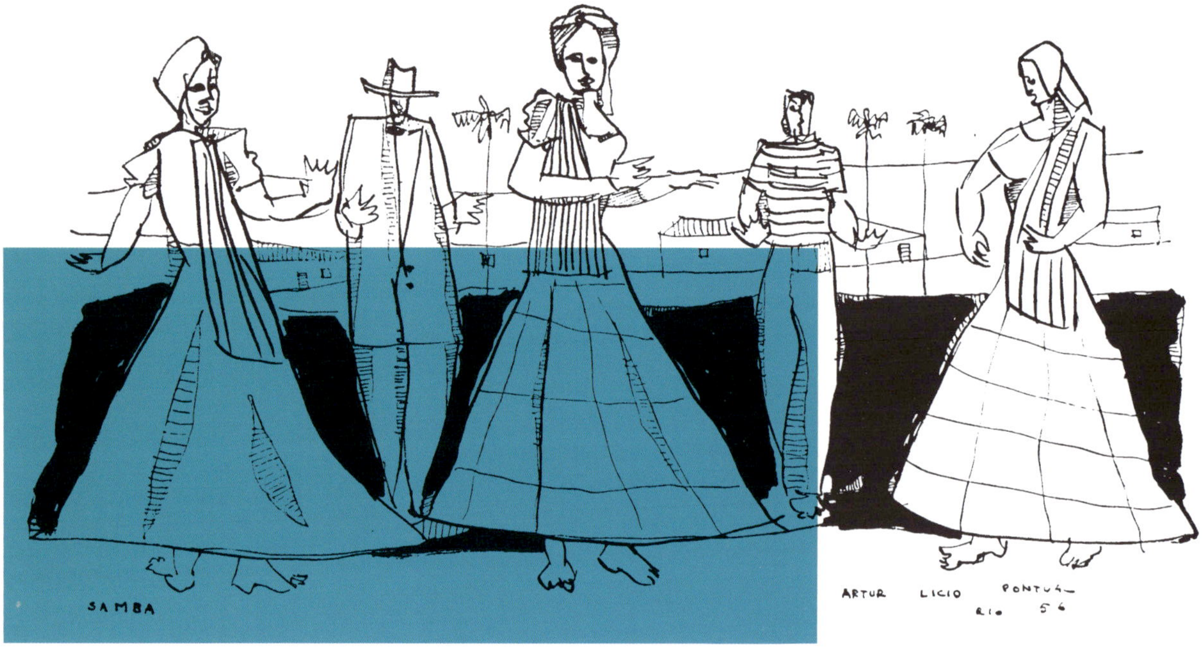

Cada um resta em sua solidão, de repente o coração é um tamborim
E o mesmo compasso agrupa na rua a solidão de todos
A pungente e sentimental alegria
O milagre do samba.

Each one is left in ones loneliness,
suddenly the heart is a tambourine
And the same rhythm groups in the
street everyone's loneliness
The pungent and sentimental joy
The miracle of samba.

Candomblé (danças afro-brasileiras)

Candomblé (afro-Brazilian dances)

Quando Ogum, Oxóssi e Xangô descem no terreiro trazem o céu
Para a terra,
Comunhão dos mortos, deuses e seres vivos
O candomblé.

When Ogum, Oxóssi and Xangô
are incorporated in the Terreiro they
bring Heaven to Earth
Communion of the dead, the gods and
living beings
The Candomblé.

Jongo (danças do folclore mineiro, fluminense e paulista)

Jongo (dances of Minas Gerais, Rio de Janeiro and São Paulo folklore)

A face positiva da raça
O violento sentido de não entrega
Afirmação viril pluralizada nos movimentos cortantes do jongo.

The positive face of the race
The violent intent to not give in
Virile affirmation pluralized in
sharp movementos of the jongo.

Bumba meu boi (resumo do auto dramático do bumba meu boi pernambucano)

Bumba meu boi (a summary of the dramatic play of the bumba meu boi from Pernambuco)

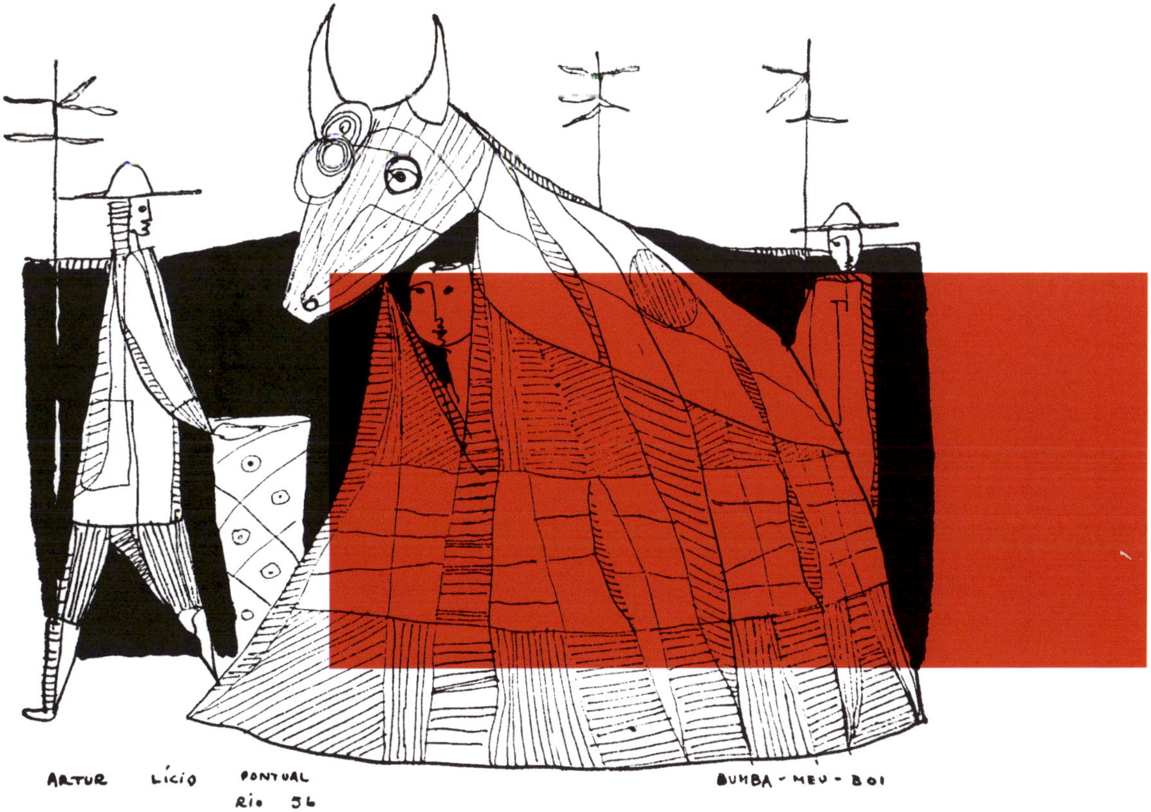

A cólera assassina o boi
Mas ele ressuscita e se transfigura num espetáculo de beleza
Maior
A beleza dramática que anima o bumba meu boi.

Wrath kills the ox
But it resurrects and is transfigured
in a spetacle of greater
Beauty
The dramatic beauty that thrills the
bumba meu boi.

Frevo (dança do populário pernambucano)

Frevo (populace dance of Pernambuco)

Estranha aritmética essa que multiplica os passos e retesa em
Calor uma resistência impossível de ser detida.
A brusca beleza do frevo.

A strange arithmetic this that multiplies
the steps and tenses in
Heat a resistance impossible to be
detained.
The abrupt beauty of the frevo.

Maracatu (auto musicado do folclore pernambucano)

Maracatu (musical play of Pernambuco folklore)

Minha nação tem um rei
E a grande vitória anima o canto frenético de áfricas
O congo é uma festa que desfila e dança
Dança o maracatu.

My nation has a king
And the great victory excites the frenetic chants of Africas
The congo is a party that parades and dances
Dances the maracatu.

GRÁFICO AMADOR

Gráfico Amador

O ano era 1954, início do Gráfico Amador, um ateliê cultural que reunia jovens artistas, intelectuais, poetas, romancistas que produziam livros com o propósito de publicar e distribuir textos e imagens de sua autoria. Nos 7 anos de existência, transformou-se em um polo de agitação cultural.

Aloisio Magalhães, Gastão de Holanda, José Laurenio de Melo e Orlando da Costa Ferreira foram seus fundadores. Também editaram nomes como Sebastião Uchoa Leite, João Cabral de

Marca criada por Aloisio Magalhães para o Gráfico Amador.

Logo created by Aloisio Magalhães for the Gráfico Amador.

Melo Neto, Ariano Suassuna e Drummond, que fomentavam a troca intelectual. Ficaram conhecidos como "os mãos sujas", devido a seus trabalhos manuais diretamente com tintas e processos de impressão, e "os mãos limpas", que se concentravam em criar material para as edições — ainda com tiragens pequenas. O projeto, experimental por natureza, era sustentado graças a 30 associados, às vezes mais. Lucro não fazia parte dos objetivos dos gráficos.

Era o tempo de Artur Lício Pontual, Jorge Martins e Glauco Campello serem os calouros nesse ateliê, espectadores ativos de uma história que começava a ser escrita.

Na rua Amélia, 415, Recife, os três jovens dividiam o aluguel para ter uma sala: o início do sonho do escritório de arquitetura, da descoberta do desenho e da importância do design.

Foi o local onde Artur conheceu Carlos Pena Filho, um dos mais importantes poetas pernambucanos, que se tornou um grande amigo. Onde conheceu grandes pensadores atuantes de seu tempo, onde sentiu a força criativa do trabalho em equipe.

O Gráfico Amador deu início a experiências em design gráfico e, sem dúvida, forma até hoje um legado, com *status* de raridade, defendido como uma das origens da moderna tipografia brasileira.

The year was 1954, the beginning of the Gráfico Amador, a cultural atelier that brought together young artists, intellectuals, poets and novelists who produced books for the purpose of publishing and distributing texts and images of their authorship. In the 7 years of its existence, it become a meeting place of cultural excitement.
Aloisio Magalhães, Gastão de Holanda, José Laurenio de Melo and Orlando da Costa Ferreira were its founders. They also edited names like Sebastião Uchoa Leite, João Cabral de Melo Neto, Ariano Suassuna and Drummond, that fomented the intellectual exchange. They became known as "the dirty hands" because of their handiwork directly with inks and printing processes, and "the clean hands", which focused on creating material for the editions—still with small print runs. The project, experimental by nature, was sustained thanks to 30 associates, sometimes more. Profit was not part of their goals.
It was the time of Artur Lício Pontual, Jorge Martins and Glauco Campello to be the freshmen in this atelier, active spectators of a story that was beginning to be written. On Amelia Street, 415, in Recife, the three young men shared the rent to have an office: the beginning of a dream of the architectural office, of the discovery of drawing and of the importance of design.
It was the place where Artur met Carlos Pena Filho, one of the most important poets from Pernambuco, who became a great friend. Where he met great minds of his time, where he felt the creative force of a team work.
The Gráfico Amador began graphic design experiences and, undoubtedly, has until now formed a legacy, with status of rarity, defended as one of the origins of modern Brazilian typography.

PORTA-VOZ

Spokesperson

A paixão de Artur por seu ofício e o entusiasmo com que se envolvia nos projetos rapidamente o transformaram em um especialista. Referência gabaritada para lidar com assuntos relacionados a design e arquitetura e para representar o iniciante e promissor Brasil em qualquer relação, profissional ou social, Artur foi visto pela prestigiada curadora Mildred Constantine, de Nova York – que desde 1950 vinha tratando com destaque as coleções de pôster e design gráfico do MoMA – como um legítimo porta-voz da cultura gráfica brasileira.

Artur's passion for his craft and the enthusiasm with which he was involved in the projects quickly transformed him into a specialist. A reference to deal with subjects related to design and architecture and to represent the initiating and promising Brazil in any relationship, professional or social, Artur was seen by the prestigious curator Mildred Constantine of New York—that since 1950 had been treating with prominence the poster and graphic design collections at the MoMA—as a legitimate spokesman for the Brazilian graphic arts culture.

Carta da curadora do MoMA (Museu de Arte Moderna de Nova York), Elaine L. Johnson.

Por indicação de Mildred Constantine, Elaine escreveu a Artur sugerindo um encontro durante sua vinda ao Rio, para conversarem sobre design gráfico, uma exposição e uma publicação que pretenderia produzir em breve.

20.10.1967

Letter from the MoMA curator (Museum of Modern Art of New York), Elaine L. Johnson.

By indication of Mildred Constantine, Elaine wrote to Artur suggesting a meeting during her visit to Rio, to talk about graphic design, an exhibition and a publication she intended to produce soon.

The Museum of Modern Art

11 West 53 Street, New York, N.Y. 10019 Circle 5-8900 Cable: Modernart

Department of Drawings and Prints

October 20, 1967

Dear Mr. Marques Pontual:

I am writing to you upon the suggestion of my colleague Miss Mildred Constantine whose advice I sought regarding persons in the graphic design field whom I might meet while in Brazil.

During the past year I have been conducting research on modern Latin American graphic art in connection with this museum's collection as well as an exhibition and publication we are planning in the near future.

Last year, while in Brazil, I met numerous printmakers. This year I hope to continue seeing works in this field but in addition would also like to become acquainted with excellent artists working in other aspects of graphic design, such as Rafael Carlos de Castro Rodrigues of whom Miss Constantine also spoke most highly.

I will be in Rio de Janeiro between November 9 and November 15, staying at the Leme Palace Hotel. If it would be convenient for you to meet with me during that time, perhaps you would leave a message for me at the hotel.

Sincerely,

Elaine L. Johnson
Associate Curator

Sr. Artur Licio Marques Pontual
Rua de Carmo 9, 8º andar
Rio de Janeiro G.B., Brazil

Carta de Richard Saul Wurman, arquiteto com escritório na Filadélfia, USA, sobre envio e cobrança de painéis solicitados por Artur.

04.10.1968

Letter from Richard Saul Wurman, architect with an office in Philadelphia, USA, about the sending and charging of panels requested by Artur.

John J. Murphy
Alan Levy
Richard Saul Wurman

4 OCTOBER 1968

ARTHUR PONTUAL
RUA JOAQUIN CAMPOS PORTO 303
JARDIN BONTANICO
RIO DE JANEIRO GB BRAZIL

ARTHUR

I TRUST BY THIS TIME YOU HAVE RECEIVED MY PACKAGE AND THE 51 LAMINATED PANELS ENCLOSED. THE PAN AMERICAN CLIPPER CARGO COSTS WERE $114.30. THE COSTS OF LAMINATING THE PANELS, WHICH I HAVE ASKED TO BE REIMBURSED, ARE THE FOLLOWING: 15 PANELS APPROXIMATELY $8.00 AND THE REMAINING 36 PANELS, APPROXIMATELY $6.00 FOR A TOTAL COST OF $336.00.

I TRUST THE WRITTEN INFORMATION AND DIAGRAMS WERE INTELLIGIBLE AND I WOULD VERY MUCH APPRECIATE HEARING FROM YOU THAT

1) THE PACKAGE WAS RECEIVED IN TACT AND IN TIME
2) THAT YOU UNDERSTOOD THE INSTRUCTIONS AND TEXT AND
3) THAT IT LOOKED OKAY.

LOOK FORWARD TO HEARING FROM YOU IN THE VERY NEAR FUTURE.

MY VERY BEST

RICHARD SAUL WURMAN

RSW/LS
ENCL.

Murphy Levy Wurman
Architecture and Urban Planning
1133 Quarry Street
Philadelphia
Pennsylvania 19107
215-922-5664

JEFFREY LINDSAY AND ASSOCIATES · SPACE FRAMES

430 AMAPOLA LANE, LOS ANGELES, CALIFORNIA 90024 • (213) 270-4010

Artur Lício Pontual
Escola Superior de Desenho Industrial
Rua Evaristo da Veiga, 98
Rio de Janeiro, Brazil

September 11, 1967

Dear Mr. Pontual,

This letter is just to let you know that it has taken longer than expected to assemble and title a representative set of photographs. They will be on their way soon.

I hope you enjoyed your trip.

Best wishes,

Jeffrey Lindsay

SUITE C-73, 3940 CÔTE DES NEIGES ROAD, MONTREAL 25, P. Q., CANADA

Carta da empresa Space Frames, na Califórnia, endereçada a Artur Lício na Escola Superior de Desenho Industrial, onde era professor.

11.09.1967

Letter from the Space Frames company, in California, addressed to Artur Lício in the Superior School of Industrial Design, where he was a teacher.

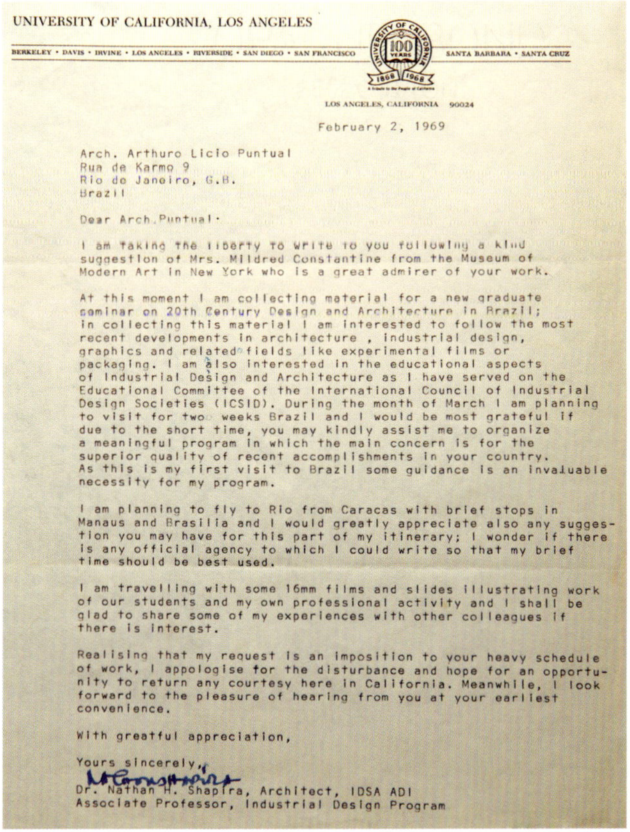

UNIVERSITY OF CALIFORNIA, LOS ANGELES

BERKELEY • DAVIS • IRVINE • LOS ANGELES • RIVERSIDE • SAN DIEGO • SAN FRANCISCO — SANTA BARBARA • SANTA CRUZ

LOS ANGELES, CALIFORNIA 90024

February 2, 1969

Arch. Arthuro Licio Puntual
Rua de Karmo 9
Rio de Janeiro, G.B.
Brazil

Dear Arch.Puntual:

I am taking the liberty to write to you following a kind suggestion of Mrs. Mildred Constantine from the Museum of Modern Art in New York who is a great admirer of your work.

At this moment I am collecting material for a new graduate seminar on 20th Century Design and Architecture in Brazil; in collecting this material I am interested to follow the most recent developments in architecture , industrial design, graphics and related fields like experimental films or packaging. I am also interested in the educational aspects of Industrial Design and Architecture as I have served on the Educational Committee of the International Council of Industrial Design Societies (ICSID). During the month of March I am planning to visit for two weeks Brazil and I would be most grateful if due to the short time, you may kindly assist me to organize a meaningful program in which the main concern is for the superior quality of recent accomplishments in your country. As this is my first visit to Brazil some guidance is an invaluable necessity for my program.

I am planning to fly to Rio from Caracas with brief stops in Manaus and Brasilia and I would greatly appreciate also any suggestion you may have for this part of my itinerary; I wonder if there is any official agency to which I could write so that my brief time should be best used.

I am travelling with some 16mm films and slides illustrating work of our students and my own professional activity and I shall be glad to share some of my experiences with other colleagues if there is interest.

Realising that my request is an imposition to your heavy schedule of work, I appologise for the disturbance and hope for an opportunity to return any courtesy here in California. Meanwhile, I look forward to the pleasure of hearing from you at your earliest convenience.

With greatful appreciation,

Yours sincerely,

Dr. Nathan H. Shapira, Architect, IDSA ADI
Associate Professor, Industrial Design Program

Carta do arquiteto Nathan H. Shapira, professor de Desenho Industrial na Universidade da Califórnia, em Los Angeles, interessado em coletar material, para um novo seminário sobre Design e Arquitetura Brasileiros no Século XX. Solicitava ajuda e orientação a Artur Lício na curadoria desse material, que incluiria os mais recentes projetos em arquitetura, desenho industrial, design gráfico e seus campos correlatos, como filmes experimentais ou embalagens.

02.02.1969

Letter from the architect Nathan H. Shapira, professor of Industrial Design in University of California, in Los Angeles, interested in collecting material for a new seminar about Brazilian Design and Architecture in the 20th century. He asked Artur Lício for help and orientation to curate this material, that would include the most recent projects in architecture, industrial design, graphic design and its correlated fields like experimental movies or packaging.

DESIGNER

Um amante do desenho e da pintura, do convívio com os intelectuais do Gráfico Amador e da troca com os artistas de seu tempo, Artur desenvolveu sua habilidade como designer, tornando-se capaz de conceber elaborados projetos gráficos e objetos dos mais diversos tipos, sempre atento ao binômio forma-função.

Sua percepção nesta área era tão forte que logo entendeu que seria uma das profissões de maior desenvolvimento no futuro, capaz de gerar progresso e avanços para a sociedade contemporânea.

Por isso, foi um dos fomentadores da Escola Superior de Desenho Industrial (ESDI), que iniciou suas atividades em 1963, com o intuito de formar profissionais capazes de colocar o país na vanguarda do processo industrial brasileiro.

Inaugurou a Loja do Bom Desenho e participou da exposição “O móvel como obra de arte” na loja OCA, de Sérgio Rodrigues, juntamente com Lucio Costa, Sérgio Bernardes, Marcos Vasconcelos e Bernardo Figueiredo.

Trabalhando com Oscar Niemeyer, seu talento não passou despercebido, e logo tornou-se responsável pela diagramação da *Módulo* – revista brasileira com tema predominantemente arquitetônico e conteúdos ligados a arte, urbanismo, design e cultura, que tinha Niemeyer como editor. Importante fonte de pesquisa na arquitetura, no desenvolvimento do projeto gráfico – tanto na parte de elementos gráficos quanto na tipografia – e no fomento da atividade cultural da época, a revista circulou nacionalmente, tendo sido comercializada em países como Alemanha, Itália e França. Artur Lício foi responsável por seu novo *layout*, assumindo também uma reformulação editorial na publicação.

Teve seus trabalhos publicados em revistas como *Architectural Record, l'Architecture d'Aujourd'hui, Arquitetura* e *Art et Architecture*. Também foi membro organizador da I Bienal de Desenho Industrial no Museu de Arte Moderna, no Rio de Janeiro.

Desenvolveu vários projetos de utensílios e móveis, que lhe renderam prêmios pelo Instituto de Arquitetos do Brasil (IAB).

A lover of drawing and painting, of socializing with the intellectuals of the Gráfico Amador, and the interaction with artists of his time, Artur developed his skill as a designer, becoming capable of developing elaborate graphic designs and the most diverse types of objects, always attentive to the binomial form-function.
His perception about this area was so strong that he soon understood that it would be one of the most developed professions in the future, capable of generating progress and advances for the contemporary society.
Therefore, he became one of the promoters of the Escola Superior de Desenho Industrial (ESDI), the Superior School of Industrial Design, which began its activities in 1963, with the aim of training professionals capable of putting the country at the forefront of the Brazilian industrial process.
He inaugurated the Loja do Bom Desenho and participated in the exhibition “The furniture as a work of art” at OCA store, owned by Sérgio Rodrigues, with Lucio Costa, Sérgio Bernardes, Marcos Vasconcelos and Bernardo Figueiredo.
During his work with Oscar Niemeyer, his talent could not go unnoticed, and he soon became responsible for the layout of the magazine *Módulo*. This was the Brazilian magazine with a predominant theme in architecture, but with contents also linked to art, urbanism, design and culture, and had Niemeyer as editor.
It was extremely important as a source of research in architecture, for the development of the graphic design in both graphic elements and typography and in the promotion of cultural activity of the time. The magazine circulated nationally and was also distributed in countries such as Germany, Italy and France, contributing to the exchange of information between Brazil and other countries. Artur Lício was responsible for its new layout, also taking on an editorial reformulation in the publication.
He also had his works published in the journals: *Architectural Record, l’Architecture d’Aujourd’hui, Arquitetura* and *Art et Architecture*. He had also been an organizing member of the 1st Biennial of Industrial Design at the Museum of Modern Art in Rio de Janeiro.
He developed several designs of utensils and furniture, which earned him awards by the Institute of Architects of Brazil (IAB).

REVISTAS
Magazines

Artur Lício Pontual fez parte do conselho diretor da revista *Módulo*. Trabalhou também na diagramação de algumas edições (página ao lado) contando com a participação do designer Goebel Weyne nos números 15 e 16. A partir da paginação de Artur e Goebel, a *Módulo* teve seu formato redimensionado (de 24,5cm x 31cm para 22,5cm x 29cm), adotando um *grid* totalmente geométrico, influência nítida do design gráfico racionalista defendido na Escola de Ulm. Fundada por Oscar Niemeyer em 1955, no Rio de Janeiro, tornou-se uma das mais importantes revistas de arquitetura, urbanismo, artes e design no país durante uma década, quando então teve sua circulação proibida pela ditadura militar.

Artur Lício Pontual was part of the *Módulo* magazine's board of directors. He also worked in the layout of some editions (as seen here) counting on the participation of designer Goebel Weyne in volumes 15 and 16. From the layout of Artur and Goebel, the Módulo had its format resized (24.5cm x 31cm to 22.5cm x 29cm) adopting an entirely geometric grid, clear influence of the rationalistic graphic design defended at the Ulm School. Founded by Oscar Niemeyer in 1955, in Rio de Janeiro, it became one of the most important magazines of architecture, urbanism, arts and design in the country during a decade, when it had its distribution prohibited by the military dictatorship.

"Brasília: arquitetura e urbanismo da nova Capital" apresentava os projetos de Oscar Niemeyer e Lucio Costa, com seus relatos sobre a construção da capital. Artur Lício, Hermano Gomes Montenegro e Armando Ivo de Carvalho Abreu foram uns dos principais colaboradores para conteúdo e *layout* da revista.

"Brasília: architecture and urbanism of the new capital" showed projects by Oscar Niemeyer and Lucio Costa, with their reports on the construction of the capital. Artur Lício, Hermano Gomes Montenegro and Armando Ivo de Carvalho Abreu were a few of the main contributors for the magazine content and layout.

Artur Lício era correspondente da revista *L'Architecture d'Aujourd'hui*, de Paris. Era visto como um jovem arquiteto que "segurava a composição de conjunto", particularmente bem integrado no quadro geral. Escrevia, na maioria das vezes, sobre Brasília.

Artur Lício was correspondent of the *L'Architecture d'Aujourd'hui* magazine, from Paris. He was seen as a young architect who "maintained the overall composition", particularly well integrated into the team. He wrote mostly about Brasilia.

EXPOSIÇÕES
Exhibitions

Artur Lício Pontual projetou importantes exposições. Algumas no exterior e outras ao redor do Brasil, a maioria sobre Brasília, que estava sendo construída. Seu conhecimento em design e arquitetura era perfeito para enriquecer essas montagens. Sua exposição permanente de Brasília no edifício do Ministério da Educação e Cultura, no Rio de Janeiro, era composta por gráficos, maquetes, desenhos e painéis fotográficos projetados para serem constantemente renovados de acordo com o andamento das obras da nova capital. A exposição itinerante sobre arquitetura brasileira, desde o Barroco até Brasília, em países da América Latina e uma mostra sobre a nova capital, apresentada em países asiáticos, são exemplos da força da expansão da cultura brasileira na época.

Artur Licio Pontual designed important exhibitions. Some abroad and others around Brazil, most of them about Brasilia, which was being built. His knowledge in design and architecture was perfect for enriching these exhibitions. His Brasilia exhibition in the Ministry of Education and Culture building in Rio de Janeiro was composed of graphics, models, sketches and photo panels projected to be constantly renewed according to the progress of the new capital city. The itinerant Brazilian architecture exhibition, from the Baroque to Brasilia, in countries of Latin America and an exhibition about the new capital, presented in Asian countries, are examples of the strength of the expansion of Brazilian culture at the time.

Exposição sobre Brasília, organizada pela Divisão Cultural do Itamaraty e projetada com a colaboração de Artur Lício. Foi realizada no prédio da UNESCO, em Paris.

Exhibition on Brasilia, organized by the Cultural Division of Itamaraty and designed with the collaboration of Artur Lício. It was shown at UNESCO, in Paris.

MOBILIÁRIO

Furniture

Estando a poltrona regulada no mínimo a parte superior do braço fica no mesmo nível da parte superior do assento

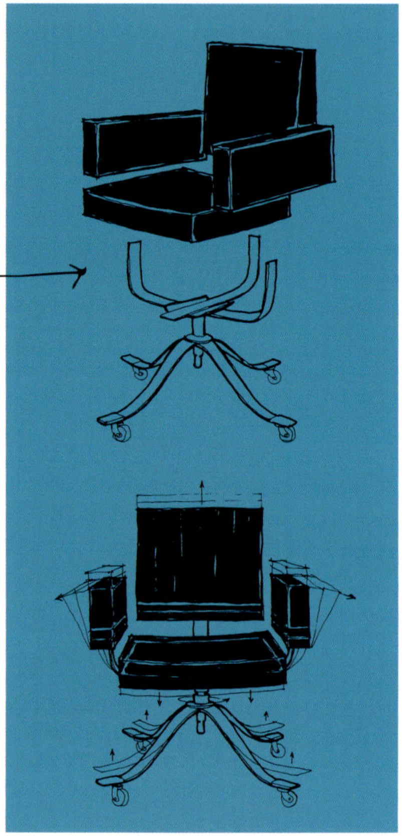

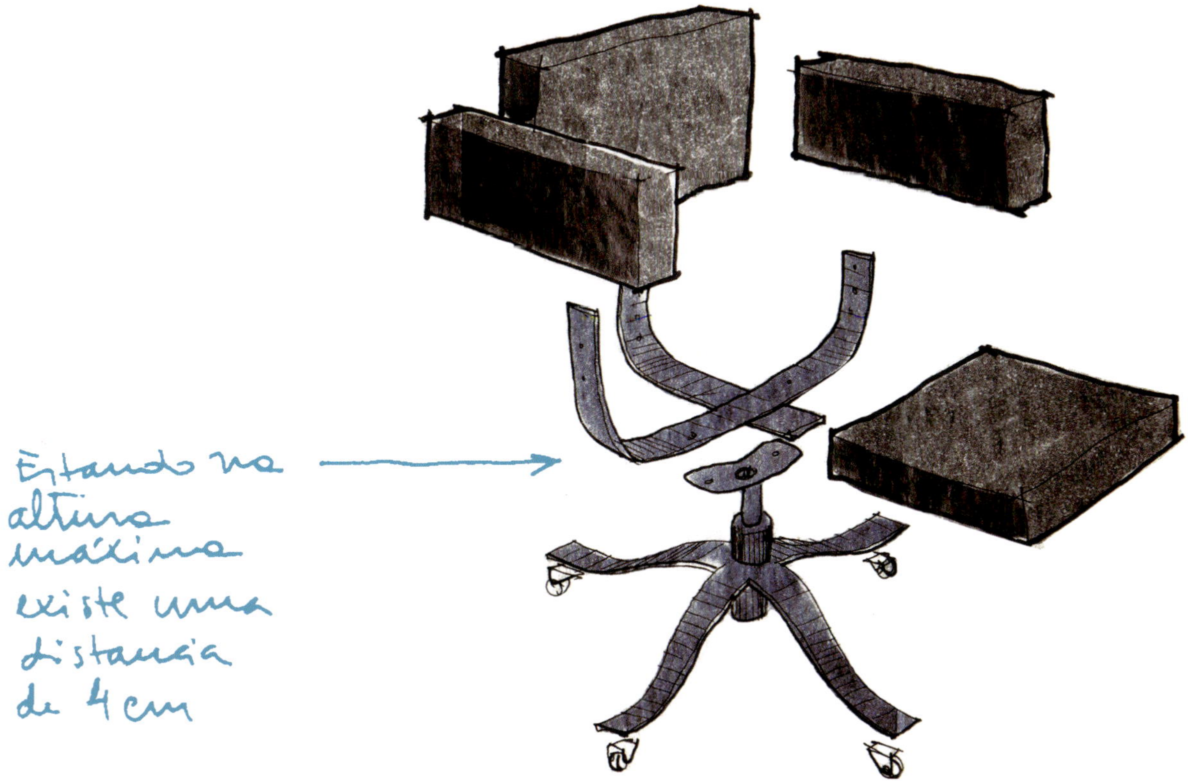

Poltrona projetada por Artur em 1962, 1º lugar no Concurso Nacional de Mobiliário de Escritório Brafor.
Sua mola era a mesma usada em automóveis, e o assento possuía altura regulável.
O apoio de braço também poderia ser ajustado conforme a preferência do usuário.

Chair designed by Artur in 1962, 1st place in the National Competition of Furniture Brafor. Its spring was the same used in automobiles, and the seat had adjustable height.
The armrest could also be adjusted according to user preference.

Conjunto de cadeiras com encosto e assento em palhinha, estrutura em madeira Jacarandá, projetadas potencializando a ocupação modular do espaço.

Set of chairs with straw backrest and seat, and Brazilian Rosewood structure, designed to enhance the modular occupation of the space.

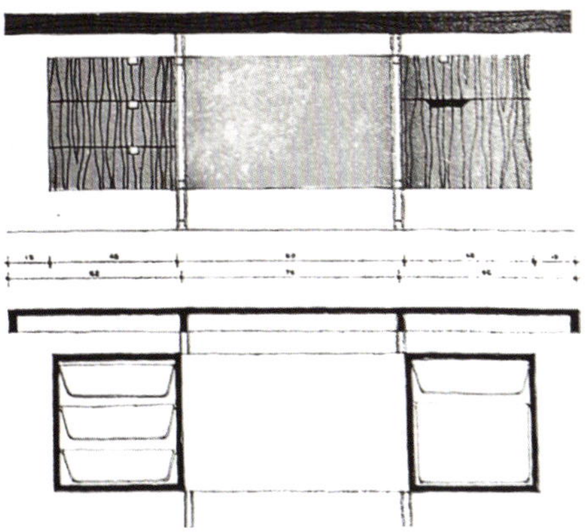

Projeto de mesa para escritório, apresentado no Concurso Nacional de Mobiliário Brafor.

Office Table design presented in the National Competition of Furniture Brafor.

Residência de Maria Inês Pontual Fracalanza, prima de Artur, com mobiliário projetado por ele.

Residence of Maria Inês Pontual Fracalanza, Artur's cousin, with furniture designed by him.

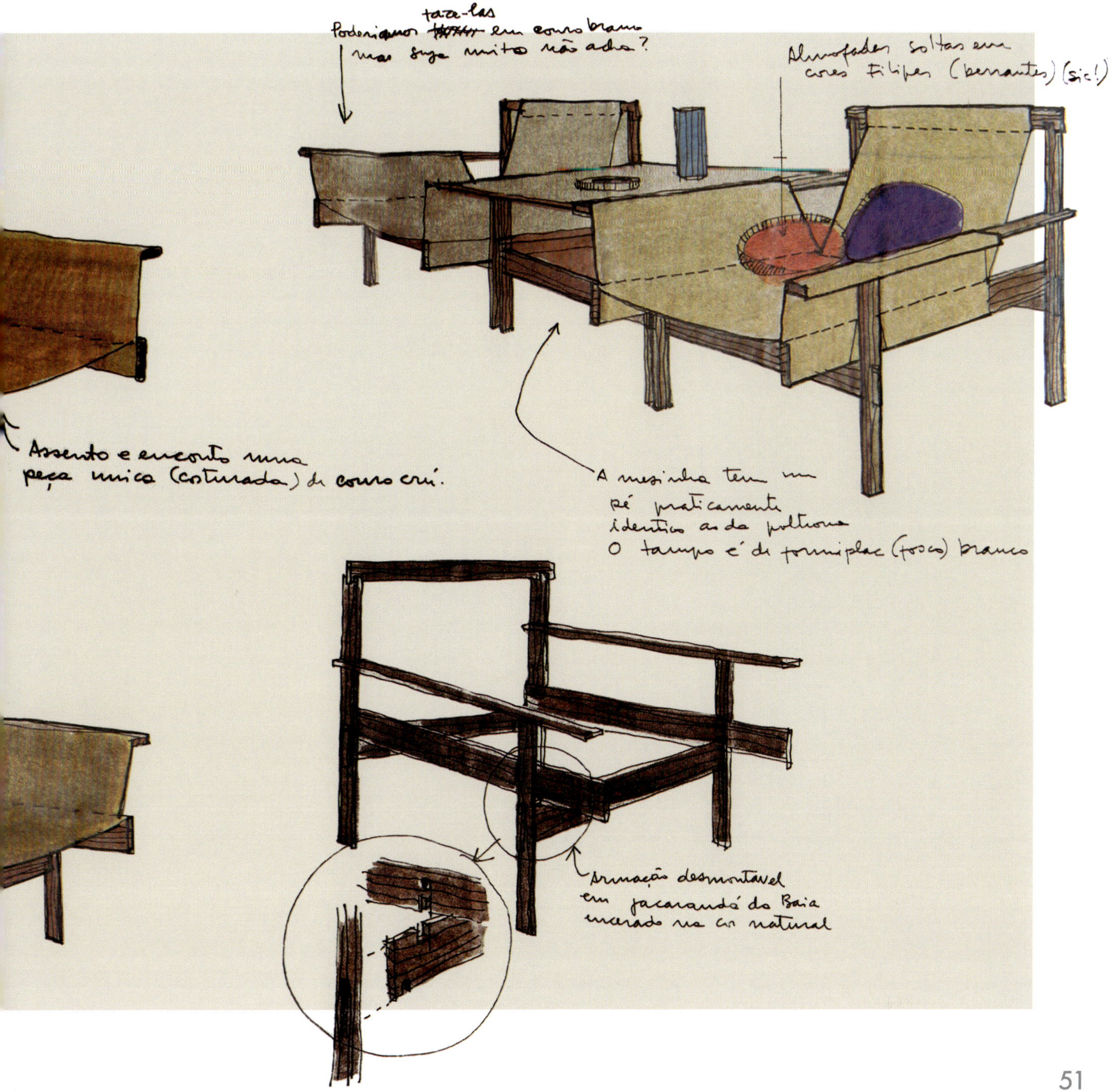
Poderiamos taxa-las em couro branco
mas suja muito não acha?
Almofadas soltas em
cores Filipes (berrantes) (sic!)
Assento e encosto uma
peça unica (costurada) de couro cru.
A mesinha tem um
pé praticamente
identico ao da poltrona
O tampo é de formiplac (fosco) branco
Armação desmontavel
em jacarandá da Baia
encerado na cor natural

A loja Oca, de Sérgio Rodrigues, revolucionou a ideia de móveis no Brasil na década de 60. Não apenas valorizava o objeto em si, mas também o responsável pela peça criada. Segundo Sérgio, faltava protagonismo dos designers frente a suas obras. Com o objetivo de destacar o processo de todo o projeto e seu desenhista, organizou a exposição "O móvel como objeto de arte", onde Artur exibiu seu Sofá Desmontável, em 1962.

The Oca store, owned by Sérgio Rodrigues, revolutionized the idea of furniture in Brazil in the 1960s. Not only did it value the object itself, but also its creator. According to Sérgio, there was no protagonism of the designers concerning their works. In order to highlight the whole design process and its designer, he organized the exhibition "The mobile as an object of art," where Artur exhibited his Take-apart Sofa, in 1962.

Evento na loja Oca,
rua Jangadeiros, em Ipanema.

Event at Oca store,
Jangadeiros street, in Ipanema.

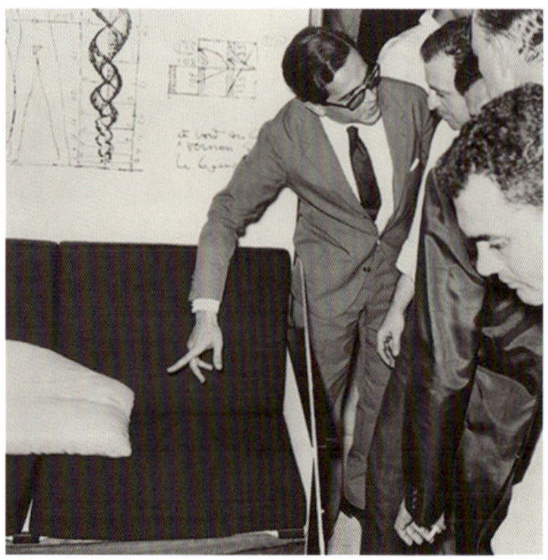

Artur apresentando seu sofá
na exposição da loja Oca.

Artur presenting his couch in the exhibition of the Oca store.

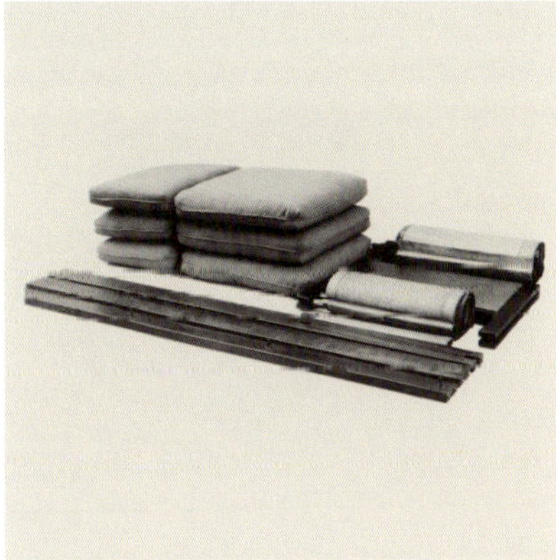

UTENSÍLIOS

Utensils

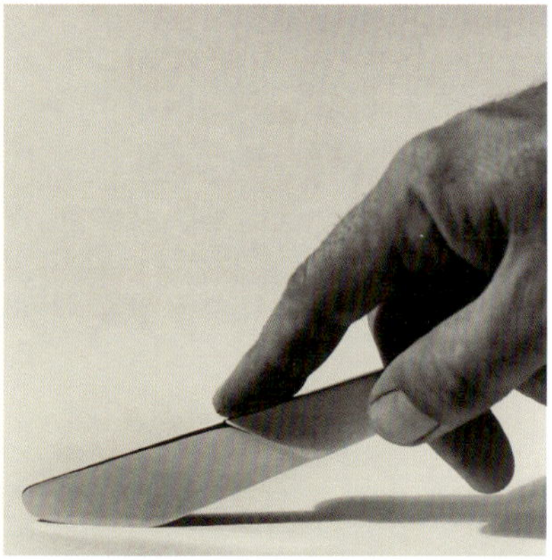

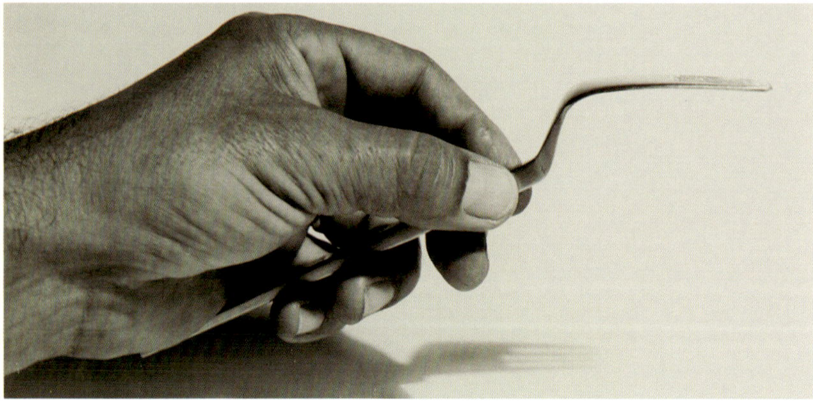

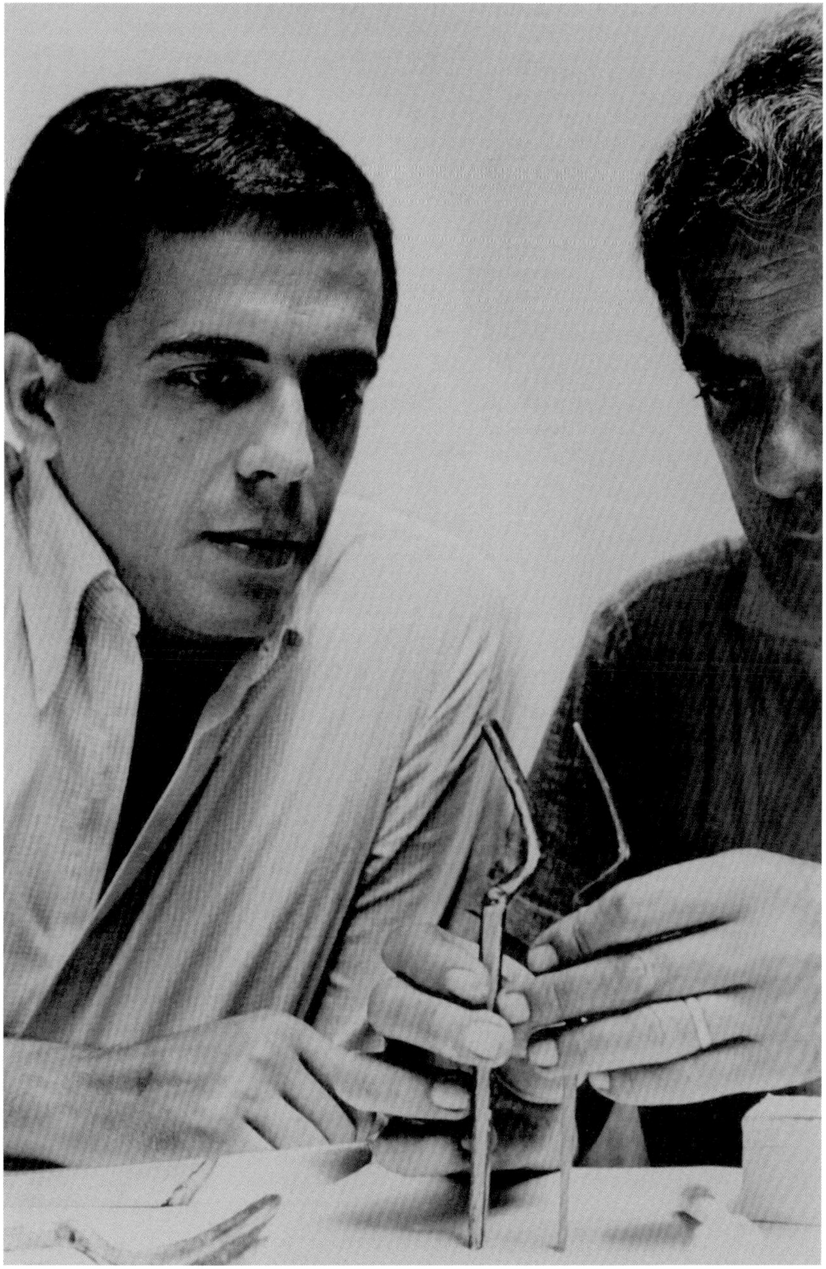

Talheres metálicos projetados em parceria com o arquiteto britânico e também professor da ESDI Norman Westwater (à direta na foto), partindo do conceito que valorizava a dupla função do garfo.

Metal cutlery designed in partnership with the British architect and teacher from ESDI Norman Westwater (to the right), starting from the concept that valued the double function of the fork.

Protótipo do faqueiro
produzido nas oficinas na ESDI.

Tableware prototype produced at
ESDI workshops.

Divulgação dos talheres na Competição Internacional de Design de Louças da empresa inglesa Viners of Sheffield.

Cutlery launch at the International Tableware Design Competition from the English company Viners of Sheffield.

LOJA DO BOM DESENHO

Bom Desenho Store

A família de Artur muda-se para o Rio de Janeiro e abre, em 1964, com o empresário Antônio Dias Maia, a Loja do Bom Desenho, onde criatividade e vanguarda em mobiliário e utensílios para casa ganhariam destaque. Seu nome não poderia ser mais adequado! Foi administrada pela família até encerrar suas atividades em meados de 2017 e teve seu primeiro ponto em Ipanema, com filiais em 1971 no Jardim Botânico e 1983 no Leblon. Representada também em outras capitais, a loja permaneceu, por décadas, como marca referência em design criativo.

Artur's family moves to Rio de Janeiro and opens, in 1964, in partnership with the businessman Antônio Dias Maia, the Bom Desenho Store, where creativity and vanguard in furniture and home utensils would gain prominence.
Its name could not be more appropriate!
The store was run by the family until it ended its activities in mid 2017 and its first address was in Ipanema, opening branches in Jardim Botânico in 1971, and in Leblon in 1983.
The store was also present in other capital cities, where it remained for decades, as a reference brand in creative design.

Acima, a fachada da loja do Jardim Botânico em meados de 2010. E, ao lado, o interior da loja de Ipanema, em 1970.

Above, facade of the Jardim Botânico store in mid 2010. And, to the side, the interior of the Ipanema store in 1970.

ARQUITETO

Architect

Um homem determinado, questionador de seus próprios princípios, investigador de seus conceitos, que não se conformava que as experiências herdadas fossem absorvidas como uma ordem.

Artur era assim. Criativo, ousado, questionador... Fazia suas perguntas e procurava incessantemente suas respostas e soluções.

Estudou até o terceiro ano na Faculdade de Arquitetura da Universidade do Recife e concluiu sua formação no Rio de Janeiro, na Faculdade Nacional de Arquitetura.

Sempre acreditou que a única solução para o aprendizado seria trabalhar em um escritório de arquitetura e frequentar grupos esclarecidos, para somar os conhecimentos da técnica à consciência profissional.

Na contramão da grande maioria dos arquitetos da sua época, já pensava o trabalho do arquiteto com totalidade, indo desde o projetar à execução. Para ele, o projeto arquitetônico era o resultado de um planejamento integrado de todas as especialidades direcionadas, organizadas e coordenadas pelo arquiteto.

Sua vinda para o Rio de Janeiro foi decisiva para seu trabalho como arquiteto.

Com a criação da Novacap, Companhia Urbanizadora da Nova Capital, ainda como estudante, trabalhou como desenhista nos projetos de Brasília, no escritório de Oscar Niemeyer. Desenvolveu exposições de Brasília na Europa, montou exposições, paginou revistas e publicou artigos, conquistando a admiração de Lucio Costa.

Desenvolveu um projeto revolucionário para a Companhia Brasileira de Estruturas, a COBE, construtora onde depois se tornaria diretor. Consistia em um edifício com uma estrutura intencionalmente “rarefeita”, precisando portanto de um grande calculista, no caso um dos maiores da época, Arthur German. A planta do apartamento poderia ser definida na hora da venda, e essa possibilidade costumizada seduziu os futuros compradores, gerando um grande crescimento para a empresa.

Também trabalhou com Aloisio Magalhães e com os irmãos José e Humberto Franceschi. Criou a MNP com Aloisio Magalhães e Luis Fernando Noronha, onde desenvolviam projetos de arquitetura, exposições, símbolos e logotipos. No entanto, foi com a vinda de seu irmão Davino Pontual para o Rio de Janeiro que fundou a Pontual Arquitetura, conseguindo sedimentar o escritório de arquitetura que, após sua morte, passou a contar com Paulo Pires, Sérgio Porto e Flávio Ferreira como sócios. Seu trabalho no escritório foi muito importante para que pudesse vivenciar a arquitetura dissociada da construção.

Projetou a residência da família Lacerda, algumas casas em Búzios e no Jardim Botânico; fez também projetos de grandes edifícios para habitação, como, por exemplo, o da rua Dona Mariana. Os projetos do Hotel Rio Othon Palace e do Centro de Treinamento da IBM foram seus estudos de maior destaque.

Artur deixou vários projetos em andamento, proposições importantes e uma constante preocupação com o desenvolvimento como um todo. Para ele, era necessário “esquecer o problema de uma janela para uma casa e nos lembrarmos de estudar uma janela para muitas casas, mesmo ao estudar um caso isolado”.

A determined man, questioner of his own principles, an investigator of his concepts, who did not conform that the inherited experiences were to be absorbed as a given order.
Artur was like that. Creative, daring, questioning... He asked his questions and searched incessantly for his answers and solutions.
He studied until the third year in the Faculty of Architecture of the University of Recife and concluded his academic degree in Rio de Janeiro, at the National Faculty of Architecture.
He always believed that the only solution to learning should be to work in an architectural office and attend enlightened groups, to add knowledge from technique to professional awareness.
Different from the great majority of the architects of his time, he thought of the architect's work as a totality, ranging from designing to execution. For him, the architectural project was the result of an integrated planning of all the specialties directed, organized and coordinated by the architect.
His coming to Rio de Janeiro was decisive for his work as an architect. With the creation of the Urbanization Company of The New Capital (Novacap), still as a student, he worked as a draftsman in the projects of Brasilia, in the office of Oscar Niemeyer.
He developed Brasilia exhibitions in Europe, set up exhibitions, did magazine pagination and published articles, winning the admiration of Lucio Costa.
He developed a project for Companhia Brasileira de Estruturas, a construction company in which he became director. It was a building with an intentionally thin structure, it needed a great calculist which at the time was Arthur German, one of Brazil's leading calculists. The apartments plans could be defined at the time of the sale. This "customized" possibility seduced future buyers, generating a great growth for the company.
He also worked with Aloisio Magalhães and the brothers José and Humberto Franceschi, with whom he had a firm. He created the MNP with Aloisio Magalhães and Luis Fernando Noronha, where they developed architectural projects, exhibitions, symbols and logos.
However, it was with the arrival of his brother Davino Pontual in Rio de Janeiro that he founded Pontual Arquitetura, solidifying the architecture firm that, after his death, began to count on Paulo Pires, Sérgio Porto and Flávio Ferreira as partners. His work in the office was very important so that he could experience architecture dissociated from construction.
He designed the residence of the Lacerda family, a few houses in Búzios and in the Jardim Botânico; he also designed larger buildings for housing, such as the one on Dona Mariana street.The Rio Othon Palace Hotel and the IBM Training Center building were his major studies.
Artur left several projects in progress, important propositions and a constant concern for the whole development.
For him, it was necessary to "forget the problem of a window for a house and remember to study a window for many houses, even when studying an isolated case."

Arlindo Facioli, Ricardo Cruz Vargas, Artur Lício e Davino Pontual, respectivamente, na COBE, Companhia Brasileira de Estruturas.

Arlindo Facioli, Ricardo Cruz Vargas, Artur Lício and Davino Pontual, respectively, in COBE.

"Diferentemente de um arquiteto especialista, o bom arquiteto é aquele que, depois de um ou dois meses de estudo, torna-se capaz de fazer qualquer tipo de projeto."

"Unlike an architect specialist, the good architect is one who, after one or two months of study, becomes capable of designing any type of project."

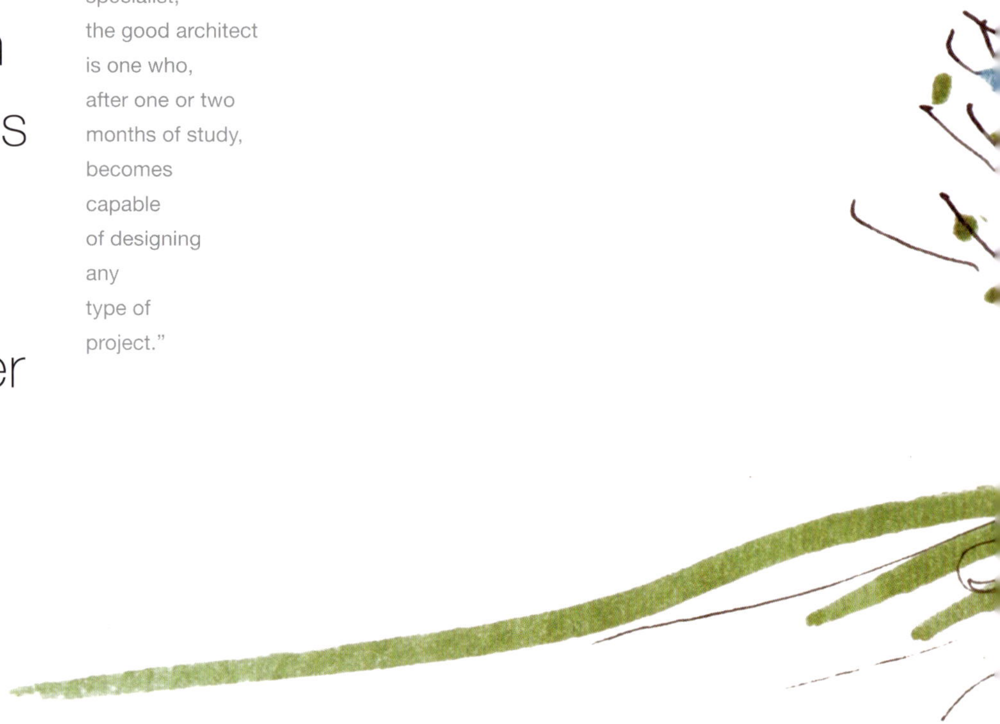

ARTUR LÍCIO

CASAS EM BÚZIOS

Houses in Búzios

Imagens de três projetos distintos em Búzios, Rio de Janeiro, 1969, inspirados em moradias de pescadores locais.

Images of three different projects located in Búzios, Rio de Janeiro, 1969, inspired by local fishermen's houses.

EDIFÍCIO MAL. DEODORO DA FONSECA

Mal. Deodoro da Fonseca Building

"Artur Lício Pontual sente uma irresistível tendência à execução da obra grandiosa, monumental. Por isso projetou o maior edifício residencial do Rio e também grandes hotéis de classe internacional."

"Artur Lício Pontual feels irresistibly inclined towards the execution of the grandiose, monumental work. So he designed the largest residential building of Rio and also great hotels of international class."

Matéria da revista Manchete sobre edifício residencial em Botafogo, na Rua Dona Mariana, desenvolvido quando estava na COBE. O projeto é publicado em guias da Arquitetura Moderna em 1969, reaparecendo com destaque em 1970 por suas obras complementares.

Article in the Manchete magazine about the residential building on Dona Mariana Street, in Botafogo, developed when he was in COBE. The project was published in the Modern Architecture guides in 1969. It was featured again in 1970, for its complementary works.

EDIFÍCIO SEDE DO BANCO DO BRASIL

Banco do Brasil headquarters

Projeto desenvolvido na Pontual Arquitetura em 1971, no Rio de Janeiro e publicado no Guia GAMRJ 15.

Project developed in Pontual Arquitetura in 1971, in Rio de Janeiro, and published in the GAMRJ Guide 15.

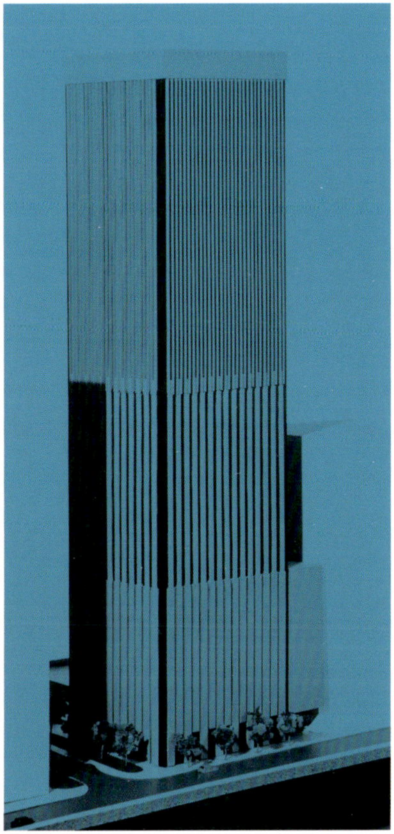

Davino e Artur Lício Pontual (na esquerda da foto) durante a divulgação do resultado do concurso privado para construção do edifício.

Davino and Artur Lício Pontual (left side of the photo) during the result of the private contest for the construction of the building

ESTUDOS DE PROJETOS

Project Studies

Desenho de estudo dos hotéis Othon para o Recife, 1971.

Study design for the Othon Hotels in Recife, 1971.

Estudo para o prédio da Shell, em Botafogo. Acima e abaixo, para o centro educacional IBM, em Teresópolis.

Study for the Shell building, in Botafogo neighborhood. Above and below, studies for the IBM Educational Center, in Teresópolis.

PRÊMIOS E PRINCIPAIS PROJETOS

Awards and main projects

CONCURSO MONUMENTO DOS MORTOS DA GRANDE GUERRA

MENÇÃO HONROSA

1956

IAB-GB EDIFÍCIO DE ESCRITÓRIOS

PREMIAÇÃO ANUAL

1967

Rio de Janeiro

SUPERMERCADO DISCO DE IPANEMA

*COBE

Aprox. 1960

Rio de Janeiro

CONCURSO NACIONAL DE MOBILIÁRIO BRAFOR

1° LUGAR

1962

Página 50-51

RESIDÊNCIA SERGIO LACERDA

*Pontual Arquitetura

1969

Rio de Janeiro

GAMRJ 112 *(Guia Arquitetura Moderna no Rio de Janeiro)*

FORMIPLAC DE ARQUITETURA DE INTERIOR

MENÇÃO HONROSA

1961

EDIFÍCIO RESIDENCIAL NO HORTO

*Pontual Arquitetura

1970

Rio de Janeiro

EDIFÍCIO SEDE DA DATAMEC

*Pontual Arquitetura

1971

Rio de Janeiro

AMRJ 121

EDIFÍCIO MAL. DEODORO DA FONSECA

*COBE

1969

AMRJ 113 | GAMRJ 58

AMRJ 24

*Página 70

RESIDÊNCIA SÉRGIO FRACALANZA

*Com Carlos Juppa

PRÊMIO IAB-GB

1964

Rio de Janeiro

CENTRO EDUCACIONAL DA IBM

*Pontual Arquitetura

1972

AMRJ 127

OBS.: anteprojeto de Artur Lício Pontual

EDIFÍCIO SEDE DO BANCO DO BRASIL

*Pontual Arquitetura

1971

Rio de Janeiro

GAMRJ 15

*Página 71

CASAS NO JARDIM BOTÂNICO

*Pontual Arquitetura

1966

Rio de Janeiro

GAMRJ 97

DEPOIMENTOS

Testimonials

TAPURU

Conheci Artur Lício Marques Pontual em 1950, no Colégio Salesiano do Recife, onde éramos colegas de classe e nos tornamos amigos. Havia um pequeno grupo, muito unido, formado por ele, os irmãos Paulo e Jorge Martins e seu primo Artur Latache. Todos bem nascidos e todos com apelidos indizíveis. O de Artur era, simplesmente, Tapuru, que ele transformou, com seu carisma, em nome mais carinhoso do que depreciativo.

No colégio, eu transitava entre esse grupo e outros companheiros, Antônio Carlos Cavalcanti, Humberto Hermes Cortez e Sebastião Uchoa Leite. Uma vez assisti, constrangido e aflito, a um duelo de tapas entre Artur Lício e Antônio Carlos, dois temperamentos aguerridos, que após insultos verbais foram às vias de fato, em local e hora marcados. Para lavar as ofensas, como bravos adolescentes pernambucanos.

Artur Lício desde cedo demonstrava sua inteligência e inquietação romântica. Desenhava, pintava, recitava poemas de Garcia Lorca e enviava cartas às namoradas com gotas de seu sangue no papel. Exagerava nas alegrias e nas paixões, que eram muitas, e nos sofrimentos, que ainda eram poucos e só fingidos, naquela quadra da vida. Disputávamos os primeiros lugares da classe e nos aproximamos ainda mais quando entramos, junto com Jorge Martins, no Curso de Arquitetura da Escola de Belas Artes do Recife.

Era a idade em que o mundo esperava ser por nós conquistado, e Artur Lício, envolvente, ambicioso e vulcânico, atirava-se à luta com rara felicidade. Abria caminho para si e para os que vinham com ele.

Inventou que devíamos, eu, ele e Jorge, criar um ateliê de arquitetura e, de fato, passamos a ocupar parte de uma casa na rua Amélia, dividindo-a com o Gráfico Amador, uma instituição criada por companheiros mais velhos, cultores da literatura e das artes: Gastão de Holanda, José Laurenio, Orlando Ferreira, Aloisio Magalhães e mais os sócios que vinham à noite para os papos intermináveis, Ariano Suassuna, Carlos Pena Filho. Outros menos assíduos, Francisco Brennand, Capiba, e outros mais jovens, Sebastião Uchoa, João Alexandre Barbosa, Jorge Wanderley.

A seguir, antes mesmo de concluir o curso universitário, já estávamos, eu e ele, no Rio de Janeiro, numa operação de transferência cujo êxito se deveu ao entusiasmo de Tapuru. A onda "pau de arara" completou-se com o acesso ao escritório de Niemeyer, como estagiários. Eu ingressei na equipe de Brasília, e Artur, que não queria abandonar o Rio, passou a ocupar-se da Revista *Módulo* e a preparar as exposições sobre os projetos para a nova capital, aqui e no exterior.

Enquanto isso, ele abria portas no mundo do Design e da Arquitetura. Tinha pressa. Junto com Aloisio Magalhães, que nos havia precedido na vinda para o Rio, instalou um local de trabalho na ladeira Ari Barroso, no Leme. Lá, eu o procurava, toda vez que vinha ao Rio, para trocarmos ideias sobre os nossos trabalhos. Desses encontros também participavam Aloisio e Gilvan Samico, que com eles trabalhavam.

A partir de 1959, já arquiteto diplomado, entrou para valer no ambiente do mercado, disputando, com garra e entusiasmo, os primeiros trabalhos profissionais. Por esse tempo, o choque com o falecimento de seu pai e a sua decisão de preparar a vinda da família para o Rio revelaram o caráter destemido e o sentido de honradez do Artur Lício primogênito. Nessa oportunidade é que surgiu a Loja do Bom Desenho, uma bela ideia para oferecer a sua mãe e irmãs uma ocupação ligada à cultura, como seria seguramente do desejo delas. E seu espírito empreendedor levou-o a criar, com seu irmão Davino, Sérgio Porto e outros colegas, a empresa de arquitetura Pontual Associados.

Os projetos logo surgiram em resposta à sua luta confiante e a seu grande talento, o qual já se havia feito notar nas casas por ele projetadas, no Jardim Botânico.

Acompanhei de longe, de Brasília e depois do Recife, a ascensão do jovem e talentoso arquiteto, agora casado e com filho, em sua trajetória cultural e profissional no Rio de Janeiro. Tanto na Escola de Desenho Industrial, onde se tornou professor, como em seu escritório, com pequenos e grandes projetos. Como no caso do Hotel Othon em Copacabana.

E logo surgiram as suas obras mais importantes: o admirável Centro de Estudos para a IBM, no alto da Tijuca, e o extraordinário edifício de apartamentos da rua Dona Mariana, em Botafogo: um grande bloco solto no espaço ajardinado, um belo e altivo edifício com estrutura tectônica bem definida. Com garagem no subsolo, fugindo à limitação imposta pelo gabarito corrente que impunha a lâmina dos apartamentos isolada do chão, sobre os andares de estacionamento. É também dessa época o edifício da Lagoa, fiel ao cânone do modernismo brasileiro.

Em 1972, eu havia apenas chegado a Milão para trabalhar no desenvolvimento de uma obra de Niemeyer quando recebi a estarrecedora notícia de sua morte súbita.

O arquiteto cheio de energia criadora e de expectativas em torno de sua obra se foi, jovem ainda, como os poetas do período Romântico. Nem chegou a fruir o encantador edifício de apartamentos que estava construindo no Horto, ao lado do Jardim Botânico, para um grupo formado por seus familiares e amigos.

Agosto de 2017

GLAUCO CAMPELLO
ARQUITETO

Artur Lício Pontual, amizade fraterna desde a infância e juventude no Colégio Salesiano até a universidade, onde estudamos Arquitetura, na Escola de Belas Artes no Recife. Precoce em tudo, na vida e na morte, era uma exuberância de talentos. Personalidade e inteligência que se destacavam na sua época. O Recife era pequeno para suas aspirações, era um artista nato. Desenhava ainda jovem com maturidade e criatividade, o que já evidenciava sua vocação para o arquiteto diferenciado que veio a ser.

Nos tempos da faculdade, com a ousadia de estudantes, Artur Lício, Glauco Campello e eu abrimos um escritório de arquitetura e juntos fizemos alguns projetos e participamos de concursos. O escritório ficava no Edifício Seguradora, ao lado do antigo prédio do Diario de Pernambuco. No térreo do edifício, existia um bar, ponto de encontro da boemia de jornalistas e intelectuais da cidade, onde nós convivíamos com Carlos Pena Filho, Aloisio Magalhães, Evaldo Cabral de Melo, Félix Athayde, Eduardo Portela, entre outros.

Vivências importantes na minha juventude e na minha formação foram compartilhadas com esse grande amigo. Sua companhia foi marcante, como também sua permanente lembrança e saudade.

JORGE MARTINS JÚNIOR
ARQUITETO

Quando penso em Artur Lício Pontual, lembro de um homem extremamente alegre, descontraído, assim pra fora, meio brincalhão ao mesmo tempo que era extremamente competente. Pude constatar isso na viagem que fizemos quando participamos da 17ª Conferência de Design em Aspen. Foram 20 dias de viagem, o tema da conferência era "Ordem e Desordem" e, ao final, foi Artur que discursou representando os brasileiros.

Já no Rio de Janeiro, fiz parte do MNP, mas, quando entrei no escritório, Artur já tinha saído. MNP eram as iniciais de: Magalhães, Noronha e Pontual, e, quando a sociedade foi desfeita, Artur Lício saiu e o escritório tornou Aloisio Magalhães Programação Visual, e depois, ainda com o Aloisio vivo, foi chamado PVDI (Programação Visual Desenho Industrial), que permanece até hoje.

Uma ação típica do potencial do Artur foi ser um dos fundadores da Escola Superior de Desenho Industrial (ESDI), justamente por querer estar sempre um passo à frente. Isso era o Artur... Ele tinha essa ideia de prospectiva, de pesquisar, avançar e nunca ficar parado.

Tenho a certeza de que, se mais tempo tivesse, muito mais teria feito, já que sua habilidade de ser incansável até hoje é uma virtude de poucos. Infelizmente nunca saberemos até onde ele poderia ter ido, mas me conforta a certeza de que fez mais do que muitos que tiveram uma vida inteira.

RAFAEL RODRIGUES
DESIGNER

TAPURU

I met Artur Lício Marques Pontual in 1950 at the Salesiano School of Recife, where we were classmates and became friends. There was a small group, very united, formed by him, the brothers Paulo and Jorge Martins and his cousin Arthur Latache. They were all wellborn and all with unspeakable nicknames. Artur's nickname was, simply, Tapuru (meaning fly larva), which he transformed, with his charisma, in a more affectionate than derogatory name.

In school, I was a part of this group and friends with other companions, Antônio Carlos Cavalcanti, Humberto Hermes Cortez and Sebastião Uchoa Leite. Once I watched, embarrassed and distressed, a duel of slaps between Artur Lício and Antônio Carlos, two fierce temperaments, which after verbal insults came to blows at a scheduled time and place. To resolve the matter, like brave teenagers from Pernambuco.

Artur Licio showed early on his intelligence and romantic restlessness. He would draw, paint, recite poems by Garcia Lorca, and send letters to his girlfriends with drops of his blood on the paper. He exaggerated in the joys and passions, which were many, and in the sufferings, which were still few and only feigned, at that time of life. We fought for the first places in class and we got even closer when we, together with Jorge Martins, were accepted in the Architecture Course at the School of Fine Arts of Recife.

It was the age when the world expected to be conquered by us, and Artur Lício, engaging, ambitious and volcanic, threw himself into the battle with rare happiness. He opened the path for himself and for those who went with him.

He invented that we—me, him and Jorge—should create an architecture atelier and, in fact, we occupied part of a house on Amelia Street, dividing it with the Gráfico Amador, an institution created by older companions, connoisseurs of literature and arts: Gastão de Holanda, José Laurenio, Orlando Ferreira, Aloisio Magalhães and the partners who came in the evening for interminable chats, Ariano Suassuna, Carlos Pena Filho. Others less assiduous, Francisco Brennand, Capiba and others a bit younger, Sebastião Uchoa, João Alexandre Barbosa, Jorge Wanderley.

Soon after, even before graduating, we were both already in Rio de Janeiro, in a transfer operation whose success was due to Tapuru's enthusiasm.

This "pau de arara" phenomenon (immigrant from the Northeast of Brazil to the Southeast) was completed with access to Niemeyer's office as trainees. I joined the Brasília team, and Artur, who did not want to leave Rio, started to take care of the Módulo magazine and to prepare the exhibitions about the projects for the new capital, here and abroad.

Meanwhile, he opened doors in the world of Design and Architecture. He was in a hurry. Together with Aloisio Magalhães, who had preceded us on the way to Rio, he set up a workplace on the Ari Barroso slope in Leme. There, I looked for him every time I came to Rio to exchange ideas about our work. Aloisio and Gilvan Samico also participated in these meetings. He worked with them.

From 1959 onwards, already a qualified architect, he entered the market environment for good, competing enthusiastically for his first professional works. By this time, the shock of his father's death and his decision to prepare the family's coming to Rio revealed the fearless character and sense of integrity of the first-born Artur Lício. At that time, the Bom Desenho Store was born, a great idea to offer his mother and sisters an occupation related to culture, as it would surely be their desire. And his entrepreneurial spirit led him to create, with his brother Davino, Sérgio Porto and other colleagues, the architecture company Pontual Associados.

The projects soon came in response to his confident effort and great talent,

which had already been noticed in the houses he designed in the Botanical Garden.
I followed from afar, from Brasília and after from Recife, the rise of the young and talented architect, now married and with children, in his cultural and professional trajectory in Rio de Janeiro. Both at the School of Industrial Design, where he became a teacher, and in his office, with small and large projects. As in the case of Hotel Othon in Copacabana.
And soon his most important works emerged: the admirable IBM Study Center on the top of Tijuca neighborhood and the extraordinary apartment building on Dona Mariana Street in Botafogo: a large loose block in the garden space, a beautiful and lofty building with well defined tectonic structure. With underground garage, avoiding the limitation imposed by the current Height of Buildings that imposed the block of the apartments isolated from the ground, above the parking floors.
It is also from that time the Lagoa Building, faithful to the canon of Brazilian modernism.
In 1972, I had just arrived in Milan to work on the development of a Niemeyer work when I received the shocking news of his sudden death. The architect, full of creative energy and expectations about his work, was gone still young, like the poets of the Romantic period. He did not even enjoy the charming apartment building he was building in the Horto, next to the Botanical Garden, for a group formed by his family and friends.

August 2017

GLAUCO CAMPELLO
ARCHITECT

Artur Lício Pontual, a fraternal friendship from childhood and youth in the Salesiano School to the university, where we studied Architecture, at the School of Fine Arts in Recife.
Precocious in everything, in life and in death, he was an exuberance of talent. Personality and intelligence that stood out in his day. Recife was small for his aspirations, he was a born artist. Still at a young age he drew with maturity and creativity, which already evidenced his vocation for the distinguished architect that he came to be.
In college, with the audacity of students, Artur Lício, Glauco Campello

and I opened an architecture office and together we did some projects and participated in competitions. The office was in the Seguradora Building, next to the old building of the Diario de Pernambuco newspaper. On the ground floor of the building there was a bar, a meeting point for the bohemia of journalists and intellectuals of the city, where we went with Carlos Pena Filho, Aloísio Magalhães, Evaldo Cabral de Melo, Felix Athayde and Eduardo Portela among others.
Important experiences in my youth and formation were shared with this great friend. His company marked me, as well as my permanent memory of him and the feeling of loss.

JORGE MARTINS JÚNIOR
ARCHITECT

When I think of Artur Lício Pontual, I remember an extremely cheerful, relaxed and outgoing man, kind of playful at the same time that he was extremely competent. I could see this during the trip we took when we attended the 17th Design Conference in Aspen. It was 20 days of travel, the theme of the conference was "Order and Disorder" and at the end it was Artur who spoke representing the Brazilians.
In Rio de Janeiro I was part of the MNP, but when I joined the office, Artur had already left. MNP were the initials of: Magalhães, Noronha and Pontual, and when the society was undone, Artur Lício left and the office became Aloísio Magalhães Visual Programming. Later with Aloísio still alive, it was called PVDI (Visual Programming Industrial Design), that remains to this day.
A typical action of Artur's potential was to be one of the founders of the Superior School of Industrial Design (ESDI), precisely because he wanted to be always one step ahead. That was Artur. He had this idea of foresight, to research, to advance and to never stand still.
I am sure that if he had more time, he would have done much more, since his ability to be tireless to this day is a virtue of few people. Unfortunately we will never know how far he might have gone but it comforts me the certainty that he did more than many who had a lifetime.

RAFAEL RODRIGUES
DESIGNER

Nº 77

SOCIAL
SERVIÇO

EM MEMÓRIA

In Memoriam

"...é o corte de um dos ramos mais fecundos da Arquitetura brasileira, em pleno florescimento, depois de um penoso trabalho de desbravar e arar a terra, depois do sacrifício silencioso da espera, das mil tentativas, dos primeiros acertos."

MARCOS VASCONCELOS

"...it is the cut of one of the most fruitful branches of Brazilian Architecture, in full bloom, after a tough effort of clearing and plowing the land, after the silent sacrifice of waiting, of a thousand attempts, of the first successes."

E foi esse sentimento devastador de perda, mencionado pelo amigo Marcos Vasconcelos, que se fez presente no momento que Artur Lício Pontual fechou os olhos. Um sentimento que normalmente invade apenas a família e os amigos mais próximos se alastrou por profissionais da arquitetura, alunos, estudiosos e admiradores, na certeza de que o futuro não poderia mais contar com o talento, com a ousadia e a persistência de um homem que transformava problema em pesquisa, trabalho em solução e futuro em progresso.

Um homem que pensava à frente de seu tempo e já acreditava que "não se deveria procurar ver nos arquitetos uma espécie de escultores de edifícios ou decoradores de exteriores, preocupados em impor soluções diferentes e esteticistas aos sérios problemas de organização do espaço arquitetônico, cuja funcionalidade e eficácia social se situam no cerne de sua definição".

Acreditava que "um projeto arquitetônico é o resultado de um planejamento complexo, cujo propósito é dar à obra projetada as condições ótimas de atender, no espaço e no tempo, à finalidade pretendida, com a melhor técnica construtiva da maneira mais econômica, sem prejuízo de sua dimensão estética essencial".

Sem dúvida, um homem que, mesmo com pouco tempo, nos ensinou que se pode fazer muito apenas seguindo as virtudes da coragem e da obstinação.

And it was this devastating feeling of loss, mentioned by our friend Marcos Vasconcelos, that was present when Artur Lício Pontual closed his eyes.
A feeling that usually invades only family and close friends had spread to architecture professionals, students, scholars and admirers, certain that the future could no longer count on the talent, the daring and the persistence of a man who turned problem into research, work into solution and future into progress.
A man who thought ahead of his time and already believed that "one should not try to see in the architects a kind of sculptor of buildings or exterior decorators, who are concerned with imposing different and esthetic solutions to the serious problems of organization of architectural space, whose functionality and social effectiveness are at the heart of their definition."
He believed that "an architectural project is the result of a complex planning, whose purpose is to give the designed work the optimum conditions to meet, in space and time, the intended purpose, with the best constructive technique in the most economical way, with no loss to its essential aesthetic dimension."
Undoubtedly, a man who, even with a short time, taught us that one can do much only by following the virtues of courage and obstinacy.

TEXTO DE MARCOS VASCONCELOS

ARTUR LICIO PONTUAL - A OUTRA DIMENSÃO

Na semana passada morreu Artur Licio Pontual, arquiteto, muito jovem ainda, deixando mulher e 1 filho de 6 anos. A notícia anunciada desta forma esconde a extraordinária força de seu trabalho, que nós, colegas de turma e companheiros na vida, conhecemos bem e admiramos.
A morte de Artur Licio significa alguma coisa mais além da infinita desolação da família, a brusca interrupção de muitas amizades: é o corte de um dos ramos mais fecundos da Arquitetura Brasileira, em pleno florescimento, depois de um penoso trabalho de desbravar e arar a terra, depois do sacrifício silencioso da espera, das mil tentativas, dos primeiros acertos.
Conhecemos Artur Licio em 1955 quando veio nos acompanhar no curso de arquitetura no casarão generoso da Praia Vermelha, onde êle, aos 20 anos, já nos mostrava seu poderoso talento criador, esfôrço e obstinação.
Um curso de arquitetura impõe a quem a êle se dedica a árdua obrigação de aprimorar a sensibilidade, aperfeiçoar a percepção, assimilar um cem número de técnicas, aprender o duro ofício da humildade. Quem supõe ser o arquiteto um boêmio gratuito, dono de um vocabulário abstrato, um mero tradutor de modismos, um virtuose do estilo, engana-se pelo menos quando êsse arquiteto é o que foi Artur Licio Pontual.
Num desempenho profissional brilhante, sabia unir cultura humanística, lógica e poesia com uma visão global como poucas vêzes na minha vida pude observar. Era hoje o que fatalmente será o arquiteto do futuro: designer e poeta.
Com o Ney Fontes Gonçalves e Bernardo Suny, Artur Licio foi abatido quando apenas alçava vôo e nós seus amigos ficamos cada vez mais sòzinhos.
Um suave consolo, no entanto, se ouviu da pequena voz de seu filho - Francisco - tentando na perplexidade dos seus seis anos, absorver o acontecimento brutal: meu pai foi para uma outra dimensão.

A OUTRA DIMENSÃO

Na semana passada, morreu Artur Lício Pontual, arquiteto, muito jovem ainda, deixando mulher e 1 filho de 6 anos. A notícia anunciada dessa forma esconde a extraordinária força de seu trabalho, que nós, colegas de turma e companheiros na vida, conhecemos bem e admiramos.

A morte de Artur Lício significa alguma coisa além da infinita desolação da família, a brusca interrupção de muitas amizades: é o corte de um dos ramos mais fecundos da Arquitetura brasileira, em pleno florescimento, depois do sacrifício silencioso da espera, das mil tentativas, dos primeiros acertos.

Conhecemos Artur Lício em 1955, quando veio nos acompanhar no curso de arquitetura no casarão generoso da Praia Vermelha, onde ele, aos 20 anos, já nos mostrava seu poderoso talento criador, esforço e obstinação.

Um curso de arquitetura impõe a quem a ele se dedica a árdua obrigação de aprimorar a sensibilidade, aperfeiçoar a percepção, assimilar um sem--número de técnicas, aprender o duro ofício da humildade. Quem supõe ser o arquiteto um boêmio gratuito, dono de um vocabulário abstrato, um mero tradutor de modismos, um virtuose do estilo, engana-se, pelo menos quando esse arquiteto é o que foi Artur Lício Pontual.

Num desempenho profissional brilhante, sabia unir cultura humanística, lógica e poesia com uma visão global como poucas vezes na minha vida pude observar. Era hoje o que fatalmente será o arquiteto do futuro: designer e poeta.

Como Ney Fontes Gonçalves e Bernardo Suny, Artur Lício foi abatido quando apenas alçava voo, e nós, seus amigos, ficamos cada vez mais sozinhos. Um suave consolo, no entanto, se ouviu da pequena voz de seu filho — Francisco —, tentando, na perplexidade dos seus seis anos, absorver o acontecimento brutal: meu pai foi para uma outra dimensão.

MARCOS VASCONCELOS

Arthur Lício Pontual.

Quando, em março de 1957, foi entregue, em cima da hora, no salão de exposições do Ministério da Educação o plano piloto para a nova capital, quem o recebeu foi um quintanista de architectura, — Arthur Lício Pontual.

Transferira-se do Recife onde, a par da iniciação profissional, adquirira experiencia de composição graphica com Aloysio Magalhães, razão porque, participando já então do grupo de colaboradores de Oscar Niemeyer, era o responsavel pela revista Modulo.

Sempre activo e apaixonado pelas coisas que fazia, revelou-se capaz de enfrentar e resolver qualquer problema que lhe fosse proposto. Sozinho montou no estrangeiro, em tempo recorde, varias exposições sobre Brasília, fazendo inclusive os cartazes. E Marcel Breuer, architecto da UNESCO, ficou impressionado com o apuro e engenho da apresentação que installou no amplo saguão da nova sede. Annos depois, num encontro em Paris esse colaborador de Gropius na Bauhaus logo perguntou por elle lembrando o seu charme nativo e o seu enthusiasmo profissional e qualificando-o como typico exemplar do jovem de talento destinado a "vencer"!

E, de facto, a sua actuação não se fez esperar, manifestando desde logo marcada preferencia pela corrente organico-estructuralista internacional, o que provocou certo desencontro com o mestre e amigo que na sua corte da epoca só admittia adhesão irrestricta.

Foi assim dos primeiros a romper, de certo modo, com os tabús estylisticos da architectura brasileira dos annos 40, contribuindo para integral-a, como as demais, nas novas tendencias.

Com essa contida disciplina auto-imposta objectivou a producção architectonica em bases menos pessoaes, apparentemente mais technicas, o que o levou a organizar-se profissionalmente, sem perda contudo do calor humano e daquella bondade e solicita sympathia que constituiam o seu modo instinctivo de ser.

De inicio algo dispersivo, encontrada a companheira certa com quem sedimentou, e, criando Pontual Associados e a loja-escola do Bom Desenho, a sua solidariedade filial e fraterna veiu amparal-o no proprio anseio de realizar-se, pois sempre encarou a architectura como um todo, da technologia constructiva modulada e harmonica ao utensilio e á ambientação.

Tanto empenho, tanta obra construida, tantos novos projectos de vulto em mão. E tudo isto se interrompe bruscamente.

Como em 1957, cheguei á capella no ultimo momento, apenas em tempo de ainda vel-o.

No seu pulover, o rosto sereno meio de lado, os cabellos para traz, — parecia enfrentar a brisa na proa do barco eterno.

Lucio Costa

Rio, 5/XII/72

Quando, em março de 1957, foi entregue, em cima da hora, no salão de exposições do ministério da Educação, o plano piloto para a nova capital, quem o recebeu foi um quintanista de arquitetura: Artur Lício Pontual.

Transferira-se do Recife, onde, a par da iniciação profissional, adquirira experiência de composição gráfica com Aloisio Magalhães, razão por que, participando já então do grupo de colaboradores de Oscar Niemeyer, era o responsável pela revista *Módulo*.

Sempre ativo e apaixonado pelas coisas que fazia, revelou-se cedo capaz de enfrentar e resolver qualquer problema que lhe fosse proposto. Sozinho, montou no estrangeiro, em tempo recorde, várias exposições sobre Brasília, fazendo inclusive os cartazes. E Marcel Breuer, arquiteto da UNESCO, ficou impressionado com o apuro e o engenho da apresentação que instalou no amplo saguão da nova sede. Anos depois, num encontro em Paris, esse colaborador de Gropius na Bauhaus logo perguntou por ele, lembrando o seu charme nativo e o seu entusiasmo profissional, e qualificando-o como típico exemplar de jovem talento destinado a "vencer". E, de fato, a sua atuação não se fez esperar, manifestando desde logo marcada preferência pela corrente orgânico-estruturalista internacional, o que provocou certo desencontro com o mestre e amigo, que, na sua corte da época, só admitia adesão irrestrita.

Foi, assim, dos primeiros a romper, de certo modo, com os tabus estilísticos da arquitetura brasileira dos anos 40, contribuindo para integrá-la, como as demais, nas novas tendências.

Com essa contida disciplina autoimposta, objetivou a produção arquitetônica em bases menos pessoais, aparentemente mais técnicas, o que o levou a organizar-se profissionalmente, sem perda contudo do calor humano e daquela bondade e solícita simpatia que constituíam o seu modo instintivo de ser.

De início algo dispersivo, encontrada a companheira certa, como que sedimentou, e, criando a Pontual Associados e a loja-escola do Bom Desenho, a sua solidariedade filial e fraterna veio ampará-lo no próprio anseio de realizar-se, pois sempre encarou a arquitetura como um todo, da tecnologia construtiva modulada e harmônica ao utensílio e à ambientação.

Tanto empenho, tanta obra construída, tantos novos projetos de vulto em mão. E tudo isto se interrompe bruscamente.

Como em 1957, cheguei à capela no último momento, apenas em tempo de ainda vê-lo. No seu pulôver, o rosto sereno meio de lado, os cabelos para trás – parecia enfrentar a brisa na proa do barco eterno.

LUCIO COSTA

THE OTHER DIMENSION

Last week, Artur Lício Pontual passed away. He was an architect, still very young, leaving his wife and a 6-year-old son. These news announced this way hide the extraordinary strength of his work, which we, classmates and companions in life, know well and admire.

The death of Artur Lício means something beyond the endless desolation of the family, the abrupt interruption of many friendships: it is the cut of one of the most fruitful branches of Brazilian Architecture, in full bloom, after the silent sacrifice of waiting, of a thousand attempts, of the first successes.

We met Artur Lício in 1955 when he came to accompany us in the architectural course in the generous big house on Praia Vermelha, where he, at the age of 20, already showed us his powerful creative talent, effort and obstinacy.

The architecture course imposes upon those who devote themselves to it the arduous obligation of improving sensitivity, perfecting perception, assimilating countless techniques, and learning the challenging work of humility. He or she who supposes the architect to be a gratuitous bohemian, owner of an abstract vocabulary, a mere translator of fads, a virtuoso of the style, is deceived at least when this architect is what Artur Lício Pontual was.

In a brilliant professional performance, he knew how to unite humanistic culture, logic and poetry with a global vision as I could observe few times in my life. He was today what will inevitably be the architect of the future: designer and poet.

With Ney Fontes Gonçalves and Bernardo Suny, Artur Lício was brought down when he was just taking wing and we his friends became more and more alone. A soft consolation, however, was heard from the small voice of his son—Francisco—trying, in the perplexity of his six years, to absorb the brutal event: my father went to another dimension.

MARCOS VASCONCELOS

When, in March 1957, at the last minute, the master plan for the new capital city was delivered in the exhibition hall of the Ministry of Education, it was received by an architect student in his 5th year—Artur Lício Pontual.

He had moved from Recife where, along with his professional initiation, he had gained experience in graphic composition with Aloísio Magalhães, which is why, as member of the group of collaborators of Oscar Niemeyer, he was responsible for the Módulo magazine.

Always active and passionate about the things he did, he soon revealed to be able to face and solve any problem that was proposed to him. Alone he set up abroad, in record time, various exhibitions on Brasilia, even making the posters. And Marcel Breuer, architect of UNESCO, was impressed by the refinement and ingenuity of the presentation he had installed in the large hall of the new headquarters. Years later, at a meeting in Paris, this Gropius collaborator at the Bauhaus soon asked for him, recalling his native charm and professional enthusiasm, and qualifying him as a typical example of young talent destined to "win."

And, in fact, his actions did not take long, expressing soon a marked preference for the international organic-structuralist tendency, which provoked a certain mismatch with the master and friend who at his court at the time only admitted unrestricted adherence.

He was thus one of the first to break, in a way, with the stylistic taboos of the Brazilian architecture of the 1940s, contributing to integrate it, like the others, into the new tendencies.

With this restrained self-imposed discipline he objectified the architectural production on less personal and apparently more technical grounds, which led him to organize himself professionally, without loss of the warmth and kindness and solicitous sympathy that constituted his instinctive way of being.

Initially somewhat dispersive, as he found the right companion he kind of settled, and, creating Pontual Associates and the Bom Desenho school-store, his filial and fraternal solidarity came to support him in his very desire for fulfillment, because he always treated architecture as a whole, from the constructive modulated and harmonized technology to the utensil and the ambiance.

So much commitment, so much work built, so many new grand projects in hand. And all this stops abruptly.

As in 1957, I arrived at the chapel at the last moment, just in time to still see him. In his sweater, his face serene kind of to the side, his hair pulled back—he seemed to be facing the breeze on the bow of the eternal boat.

LUCIO COSTA

OBRIGADO

Special thanks

Biblioteca Paulo Santos – Paço Imperial

Fátima Borges

Rafael Daher Jardim

Débora Echeverria

Glauco Campello

Jorge Martins

Rafael Rodrigues

José Luiz Alquéres

Thereza e Henrique Colasanti

A todos aqueles que participaram de alguma forma, o nosso mais sincero obrigado.

To all those who have contributed in any way, our most sincere thanks.

Todos os esforços foram feitos no sentido de localizar e contatar os detentores dos direitos das imagens aqui reproduzidas. Se necessário, eventuais correções serão providenciadas.
Every effort has been made to locate and contact the copyright holders of the images reproduced here. If necessary, any corrections will be provided.

1ª EDIÇÃO | 1ª IMPRESSÃO

Este livro, composto nas fontes Futura e Helvetica Neue, foi impresso em papel couché matt 170 g/m²
pela Gráfica Santa Marta
em novembro de 2017,
por ocasião dos
50 anos da Pontual Arquitetura.